Susanne Zehetbauer ○ Ich bin eine Frau ohne Kinder

Susanne Zehetbauer

Ich bin
eine Frau
ohne Kinder

Begleitung beim Abschied
vom Kinderwunsch

Kösel

Mix
Produktgruppe aus vorbildlich bewirtschafteten
Wäldern und anderen kontrollierten Herkünften
www.fsc.org Zert.-Nr. GFA-COC-1298
© 1996 Forest Stewardship Council

Verlagsgruppe Random House FSC-DEU-0100
Das für dieses Buch verwendete FSC-zertifizierte Papier *Munken Print*
liefert Arctic Paper Munkedals AB, Schweden.

www.koesel.de

Inhalt

Einleitung

Von Frauen mit und ohne Kinder

Sei, was du bist.
Gib, was du hast.

Rose Ausländer

»*H*aben Sie Kinder?« Das ist eine Alltagsfrage, Smalltalk, passend für fast jede Art unverfänglicher Konversation. Beim Geschäftsessen kann man sie stellen, auf der Party, selbst der flüchtigen Reisebekanntschaft. Es ist eine Frage, die ein weites Feld an Plaudereien eröffnet. Wie alt sind die Kinder? Wo gehen sie in den Kindergarten? Welchen Sport treibt der Sohn? Wie läuft es in der Schule? Ach, in Latein hat der Junior auch solche Probleme wie man selbst damals? Und die Tochter will Reitlehrerin werden? Ja, ja, das Glück der Erde ... Zwanglos wird sich ein Gespräch entwickeln, denn fast jede Mutter, fast jeder Vater plaudert bereitwillig und gern über den Nachwuchs, über Freuden und Sorgen, über Spaß und Stress und das Pokalspiel der C-Jugend-Mannschaft, in der der Filius mittwochs als zweiter Aushilfsrechtsaußenverteidiger trainiert.

»*Haben Sie Kinder?*« Wenn die Antwort Nein heißt, gerät das Gespräch erst einmal für einen Moment ins Stocken. In der Pause, die entsteht, wäre Platz für ein ganzes Bündel an Nachfragen: Warum ist das Gegenüber kinderlos? Gewollt oder ungewollt? Verbirgt sich hinter dem Nein eine lange Geschichte erfolgloser Bemühungen und großer Enttäuschung? Gab es Lebensumstände, die verhindert haben, dass ein Kinderwunsch realisiert wurde? Fragen, die man als höflicher Mensch nicht stellt, weil sie zu persönlich sind. Kein Thema für leichte Konversation.

»*Haben Sie Kinder?*« Immer mehr Menschen werden in Zukunft mit einem Nein antworten. Bereits ein Drittel der Akademikerinnen bleibt, wenn man den Statistiken glaubt, kinderlos, ebenso etwa jede zehnte Ehe. Für dieses Buch haben sich viele Frauen und ein Mann entschlossen, über die sehr intime, persönliche Frage nach ihrer Kinderlosigkeit zu sprechen. Alle sind über 40, für alle ist die Frage nach der Elternschaft weitestgehend abgeschlossen. Einige haben lange mit sich gerungen, ob sie sich dem Interview aussetzen wollen, in der Sorge, dass es alte Wunden aufreißen könnte. Ihnen allen möchte ich an dieser Stelle sehr herzlich danken, dass sie Vertrauen aufbrachten, sich mir und den Leserinnen dieses Buches zu öffnen.

Es waren sehr intensive Gespräche, die noch lange in mir nachklangen, Schicksale, die mich ebenso berührten wie der Mut meiner Gesprächspartnerinnen, kreativ mit dem Erlebten umzugehen. Teils sind es bedrückende Ge-

Es gibt viele Wege, mit dem Abschied vom Kinderwunsch umzugehen.

schichten von langen Entwicklungsprozessen, von regelmäßig aufsteigenden Sehnsüchten, von tiefen Tälern der Enttäuschung, teils sind es undramatische Lebensläufe. Bei allen jedoch ist das Thema Fruchtbarkeit und Elternschaft von Bedeutung, gelegentlich drohend und drückend wie eine Schlechtwetterfront, manchmal nur wie eine Wolke am weiten, blauen Himmel, die für kurze Zeit das Sonnenlicht verdüstert. Und alle erzählen von ihrer Suche nach Wegen, um ohne eigene Kinder glücklich zu leben.

Elternschaft und Identität

Elternschaft ist mehr als ein individueller Baustein der Biografie. Der amerikanische Psychoanalytiker Erik H. Erikson hat in seinem Stufenmodell der psychosozialen Entwicklung auf die Aufgabe des mittleren Lebensalters hingewiesen, sich mit dem eigenen Ort und Platz in der Gesellschaft und – in einem weiten Sinn – im Leben auseinanderzusetzen. Die Frage nach Kindern und, im übertragenen Sinn, nach der Fruchtbarkeit ist damit auch eine Frage nach der Identität und eng verknüpft mit den eigenen Vorstellungen vom Lebenssinn: Was kann ich in die

Niemand kann uns die Suche nach **unserem Platz** *im Leben abnehmen.*

Welt bringen? Was kann ich erschaffen und weitergeben – an Erfahrungen, an Talenten, an Liebe? Was bleibt von mir? Wie gestalte ich mein Leben, damit es mir einst als gelungen erscheint? Vor diesen Fragen stehen alle Menschen, die ihr Leben bewusst leben möchten: Menschen ohne

Kinder, aber – vielleicht in abgemilderter Form – auch Eltern. Denn auch viele Mütter und Väter machen die Erfahrung, dass Kinder keine Garantie sind für Glück und für ein sinnerfülltes Leben, keine Versicherung gegen Einsamkeit, kein Schutz vor Enttäuschungen. Niemand, auch nicht die eigenen Kinder, kann einem die Suche nach der eigenen Identität abnehmen. Die muss man selbst erledigen.

Auch deshalb ist es schade, dass das Thema Kinderlosigkeit seit einiger Zeit in der Öffentlichkeit vorwiegend mit einem Grundtenor vorwurfsvoller Polemik behandelt wird. Ein Beispiel unter vielen:»Kinder sind in Deutschland zum Störfaktor geworden. Sie kosten Geld, schränken die Konsumfreiheit ein und führen zum sozialen Abstieg. Das Single-Dasein wird zum Normalfall, lockere Partnerschaften ersetzen die Ehe, und wenn schon eine Familie gegründet wird, dann müssen die Kinder zunächst einmal warten. Das erste Kind kommt Anfang 30 und allzu häufig bleibt es dabei. Die DINK-Familie ist noch populärer – ›Double income, no kids‹ ist die Devise für eine zunehmende Zahl junger Paare: Mit zwei Einkommen und keinen Kindern lebt es sich besser als mit einem Einkommen und drei Kindern. Deutschlands Fun-Gesellschaft vergreist.« (Hans-Werner Sinn, Chef des Münchner Ifo-Instituts für Wirtschaftsforschung, ifo-Schnelldienst 5/2003)

So leitet der Chef des Münchner Ifo-Instituts Hans-Werner Sinn, selbst Vater von drei Kindern, einen – durchaus lesenswerten – Artikel über die niedrige Geburtenrate und ihre sozialpolitischen Folgen ein. Dass er dabei Menschen ohne Kinder pauschal als Egoisten und Sozialschmarotzer diffamiert, die ihr Geld lieber selbst verprassen als es in eigene Kinder zu investieren, scheint ihn nicht zu stören. Dieser Stil ist leider üblich geworden, seit die Politik und die Wirtschaft in Deutschland zu begreifen begonnen haben, dass Kinder keine Privatsache sind, sondern auch eine volkswirtschaftliche Größe.

Kinderlosigkeit hat viele Gründe

Wer sich auf die Suche nach den Nachwuchsverweigerern macht, wird nicht so schnell fündig. Wo stecken sie denn, die Akademikerinnen, denen ihre Karriere wichtiger ist als Mutterschaft? Die Männer im Zeugungsstreik? Die Sozialschmarotzer, die sich lieber an karibischen Stränden aalen, als ihr Geld in Spielzeugläden, Drogeriemärkten und Babyausstattungsgeschäften zu lassen, und sich später von anderer Leute Kinder die Rente bezahlen lassen?

Sabine, 46, ist kinderlos. In der Karibik war die Chemikerin tatsächlich schon dreimal. Mit 23 hatte sie eine Abtreibung, eine Verhütungspanne. Die Schwangerschaft mitten im Studium passte nicht in die Lebensplanung, genauso wenig wie der Erzeuger. »Kinder wollte ich später, mit einem verlässlichen Partner. Ich hatte die Vorstellung, dass ich erst ein behütetes Zuhause schaffen wollte, ohne größere finanzielle Sorgen.« Der Partner war bald gefunden, ein Haus wurde gekauft. Doch dann kamen keine Kinder. »Ich hätte mich gefreut, aber ich habe auch nicht darunter gelitten. Ich habe mich nie gegen Kinder entschieden, aber auch nicht wirklich dafür. Ich fühle mich gut.«

Oder Beate, 48, kinderlos, Buchhändlerin. Ihr acht Jahre älterer Mann starb ganz plötzlich an einem Herzinfarkt, als sie 38 war. Davor hatte sie einige Jahre versucht, schwanger zu werden, »vielleicht halbherzig, ohne medizinische Unterstützung. Ich dachte, es klappt schon noch, ich wollte uns Zeit lassen«. Dann war ihr Mann tot.

Oder *Ines, 44,* kinderlos, Buchhalterin. »Mein Mann und ich haben über Jahre hinweg alles versucht, um ein Kind zu bekommen.« Sex nach Plan, Hormonbehandlungen, künstliche Befruchtung. Dass es nicht klappte, verursachte bittere Trauer. »Nichts in meinem Leben hat mir so viel Kummer bereitet wie meine Kinderlosigkeit.«

Oft entscheiden das Leben, die Umstände, das Schicksal darüber, ob ein Mensch Kinder bekommt oder nicht. Vorurteile über Kinderlose als bindungsunfähige Mitglieder der Fun-Gesellschaft wird man in diesem Buch deshalb an keiner anderen Stelle finden. Dafür werden aber hier und da die Kränkungen anklingen, die die öffentlichen Polemiken bei Betroffenen auslösen können – bei Menschen, die sich Kinder gewünscht hatten, aber keine bekamen, bei Frauen, die in langjährigen Beziehungen leben und trotzdem kinderlos blieben, bei Menschen, die nicht den richtigen Partner fanden, um mit ihm eine Familie aufzubauen. Sie alle sind keine Schmarotzer, die sich entschieden haben, sich rücksichtslos an der Elterngesellschaft zu bereichern.

Mein eigener Weg

Ich selbst bin keine Frau ohne Kinder. Seit 1995 meine erste Tochter und 1998 meine zweite zur Welt kamen, begann sich mein Freundeskreis in meiner Wahrnehmung zu teilen: Die einen bekamen, wie wir, nach und nach Kinder, die anderen blieben kinderlos. Bald wurde es schwierig, die Kontakte zu erhalten. Die Welten waren zu verschieden: Wir Mütter kämpften uns in weiten Hemden, die sich leicht zum Stillen aufknöpfen ließen und den Babybauch verdecken sollten, durch Windeln, Fläschchen und Wäscheberge, ein entrücktes Lächeln in den Augen und den Schatten schlafloser Nächte darunter. Unsere Gespräche drehten sich ums Impfen, um Krabbelgruppen, Trotzphasen, Bauchweh und Entwicklungsschritte. Eine Zeitung hatten wir seit Monaten nicht gelesen. Kino oder Theater? Spontan zum Tanzen? Nein, danke, ich muss früh ins Bett …

Die anderen blieben, wie sie waren: Chic, anregend, gepflegt, schlank, gut informiert, kamen Schritt für Schritt in ihren interessanten Berufen voran und reisten im Urlaub nach Vietnam oder Venezuela, während wir an flachen Adria-Stränden Ferien machten. Wenn sie ab und zu vorbeischauten, hoben sie mit spitzen Fingern Spucktücher vom Boden auf, warteten irritiert, wenn das Gespräch zum siebten Mal durch Kindergeschrei unterbrochen wurde, stolperten über Legosteine und gingen bald nach Hause. Und kamen immer seltener wieder.

So ging das einige Jahre. Meine Töchter wurden größer, aber die Kluft zu den Kinderlosen kaum kleiner. Ich lernte: Mütter, so verschieden sie sein mögen, haben immer eine Gesprächsbasis, immer eine Gemeinsamkeit: die Kinder. Kinderlose kennen auch noch andere Themen.

Dann wurde meine ältere Tochter schwer krank. Plötzlich konnte ich die Gesellschaft von Müttern nicht mehr ertragen, und der Anblick gesunder Kinder zerriss mir das Herz.

In dieser Zeit waren es zwei Freundinnen, die mit mir litten, die meine Tränen aushielten, die sich jedes noch so schreckliche Symptom anhörten und auch vor den schwärzesten meiner Gedanken nicht zurückschreckten. Sie konnten das tun, weil beide wunderbare, mutige und einfühlsame Frauen sind. Aber sie konnten es auch und können es noch, weil sie kinderlos sind und die Urangst aller Eltern vor dem Verlust eines Kindes nicht im eigenen Herzen tragen. Ohne meine beiden kinderlosen Freundinnen hätte ich diese Zeit nicht überstanden.

Beide haben sich nicht bewusst gegen Kinder entschieden. Es ist, wie bei vielen unserer Generation, einfach so gekommen, das Leben und die Umstände haben für sie entschieden. Aus vielen Gesprächen weiß ich, dass beide Wehmut und auch bittere Fragen ans Schicksal kennen, die sich damit verbinden. Fragen über den Sinn eines Lebens ohne Kinder, über das Gefühl, etwas wirklich Entscheidendes im Leben versäumt zu haben, auch die Fragen nach dem Wert einer Frau, die keine Kinder hat.

Es ist nicht immer unsere Entscheidung – oft entscheidet das Leben.

Die intensiven Gespräche mit meinen Freundinnen sind seither nicht abgebrochen. Immer wieder taucht dabei die Frage nach dem Muttersein und der Mütterlichkeit auf – im Spannungsfeld der Kinderlosigkeit meiner Freundinnen auf der einen Seite und meiner Trauer über den Verlust meines einst gesunden Kindes auf der anderen.

Das Thema begann mich zu interessieren und ich achtete aufmerksamer als früher auf Frauen, die keine Kinder hatten und einen anderen Lebensweg eingeschlagen hatten als ich. Ich begriff, dass es viele Parallelen gab. Ich hatte einen massiven Verlust erlitten – Frauen, die trotz Kinderwunsches ohne Nachwuchs blieben, auch. Auch ich musste mich von Träumen trennen. Auch ich kenne den Neid auf »normale« Familien und viele der Gefühle, die mit ungewollter Kinderlosigkeit verbunden sind, wenn auch unter anderem Vorzeichen. Deshalb wage ich, als Mutter dieses Buch zu schreiben.

Das Leben annehmen und gestalten

Das Leben hält viele Erfahrungen bereit: Wer Kinderlosigkeit nur als Mangel, als Defizit versteht, sieht nicht, dass es in jedem Leben Ungelebtes und Versäumtes gibt, Träume, die nie verwirklicht wurden. Und er sieht nicht, dass sich um eine Lücke so viel an Vitalität anreichern kann, dass die Lücke selbst zum Reichtum in der Schatzkammer der eigenen Biografie werden kann, weil sie dazu motiviert, das Leben zu gestalten. Eine der Frauen, die mir aus ihrem Leben erzählt haben, meinte nachdenklich:

Michaela, 51 Jahre: »Keine Familie zu haben bedeutet auch: sein Leben zu ordnen und zu füllen, ihm Konturen und Struktur zu geben und sich immer wieder zu entscheiden. Wenn man Mutter ist, ist sehr klar geregelt, was zu tun ist. Wenn ich sage: Ich muss hier staubsaugen, weil meine Kinder sonst zu viel Dreck auffressen, dann ist klar, was zu tun ist, und dann wird das gemacht. Allein kann ich fünf Wochen lang nicht staubsaugen, das ist dann egal, das juckt niemanden. Als Nichtmutter ist nichts geregelt, außer, dass man vielleicht sagt: Ich will mich mit meinem Job selbst ernähren. Es ist ein Unterschied, ob ich etwas für einen anderen tue in einer liebenden Haltung oder ob ich diese liebende Haltung mir selbst gegenüber an den Tag legen muss, damit ich etwas tue. Im einen ist mehr davon, gehalten zu sein, im anderen mehr Freiheit, das ist sehr viel schwieriger.«

Kinderlose Frauen sind Expertinnen darin, ihr Leben selbstbestimmt zu gestalten und Verantwortung für sich zu übernehmen. Mütter sind Fachfrauen dafür, Verantwortung für andere zu tragen und eigene Bedürfnisse bis zur Unkenntlichkeit zurückzustellen. Es wäre schön, wenn beide Gruppen stärker miteinander ins Gespräch kämen: Mütter können von kinderlosen Frauen und kinderlose Frauen von Müttern lernen, wenn sie die Verschiedenheit der Lebensentwürfe und ihrer je eigenen Herausforderungen gegenseitig anerkennen.

Meine Tochter wurde nicht wieder gesund. Heute ist sie ein schwerstbehindertes pflegebedürftiges Mädchen. Mutter zu sein verlangt unter diesen Umständen ganz neue Definitionen – es verlangt Liebe und Abgrenzung, Hingabe und Egoismus und auch etwas, das mir sehr schwerfällt: Demut. Demut gegenüber der Erkrankung und ihren Folgen, die ich nicht verändern kann, auch wenn ich es mir noch so sehr wünsche. Demut gegenüber meiner Ohnmacht und gegenüber einem Schicksal, das mein Leben in ganz andere als die von mir ersehnten Bahnen gelenkt hat.

Ihr Vater und ich haben auf vielen Wegen nach Antworten und Lösungen gesucht: Medizinische und psychologische, wissenschaftlich begründete ebenso wie ganz und gar unwissenschaftliche. Ich war bei vielen Therapeuten, Gurus, auch bei einer südamerikanischen Wunderheilerin, deren Wohnung überquoll von Bildern, Sinnsprüchen und Symbolen für heilende Kräfte und wo es fremd und anregend roch. Wir haben Homöopathie ebenso versucht wie Schamanismus, Familienaufstellungen und Osteopathie,

Craniosacral-Therapie und heilende Steine. Ohne wirklich nennenswerte Ergebnisse. Bis mir bewusst wurde: All diese Aktivitäten entspringen dem verzweifelten Wunsch, das zu verändern, was sich nicht verändern lässt. Ich bin machtlos, ich kann nichts tun. Es ist, wie es ist.

Der Blick in die Weite

Ich musste lernen, andere Wege zu gehen. Um vor meiner Ohnmacht nicht zu verstummen, musste ich Ausdrucksformen für meine bedrückenden Gefühle finden, die es mir erlaubten, unser Schicksal in einen größeren, für mich begreifbaren Kontext zu stellen. Es wurde für mich ein spiritueller Weg, den ich zu gehen begann und der mein Leben sehr bereichert. Aus dieser Erfahrung heraus sehe ich Spiritualität als ein von der Natur angelegtes Grundbedürfnis des Menschen, das sich spätestens dann meldet, wenn Lebensfragen wie Verlust, Trauer, Leid, Tod zu bewältigen und zu beantworten sind. Doch auch unabhängig von schicksalhaften Ereignissen tut es gut, den Blick ab und zu zum Horizont zu heben, um in eine Weite zu blicken, in der unser Leben jenseits der Alltagssorgen verankert ist. Dort öffnet sich, ganz unabhängig von jeder Religion, eine Dimension, die größer ist als wir und der wir doch verbunden sind. Hier liegt jenseits der stetig bewertenden Dualität unseres gewohnten Denkens eine Quelle von innerem Frieden und stillem Glück, das kein Unglück kennt, eine Dimension, in der wir ganz sind, so wie wir sind.

Eine Ahnung davon möchte ich in den spirituellen Impulsen geben, die ich dort, wo es mir sinnvoll erschien, eingefügt habe. Das letzte, das vielleicht persönlichste Kapitel dieses Buches widmet sich dem Thema vertieft. Nicht jeder der Impulse ist für jede Phase der Bewältigung geeignet. Und nicht jeder Tag eignet sich dazu, still zu werden und in die Stille zu lauschen, die in uns ist. Aber ich wünsche mir, dass die Impulse zur Anregung werden, ab und zu in diesem Buch zu blättern, den einen oder anderen auf sich wirken zu lassen, ihn auszuprobieren, wann und ob er passt, und auf diese Weise Gedanken und Gefühlen, die sich so schwer in Worte fassen lassen, eine Gestalt zu geben.

Ich schreibe dieses Buch für meine beiden Freundinnen, für die eine, die noch auf ein Kind hofft, und für die andere, die, bald 50, weiß, dass sie eine Frau ohne Kinder bleiben wird. Für zwei warmherzige Menschen, denen nichts, aber auch gar nichts fehlt, um ganz und wertvoll zu sein.

Kinder kriegen doch alle

Ines, 44 Jahre: »Ich habe mir das so sehr gewünscht. Dass ich Kinder wollte, war immer in meinem Kopf, schon als kleines Mädchen. Das war das Normale, erst Kinder, dann Enkel. Das ist es doch, was das Glück ausmacht, dachte ich immer. Ich habe es mir so erfüllend vorgestellt. Ich wollte Wärme, Geborgenheit, eine Familie. Kinderlachen im Haus. Das Weiche, Strahlende, das Begeisterte, das Kinder haben.«

Bettina, 47 Jahre: »Manchmal habe ich das Gefühl, ich hab das Beste und Wichtigste im Leben verpasst. Einmal Kinder zu bekommen, war für mich immer selbstverständlich. So selbstverständlich, dass ich nie darüber nachdachte oder es infrage stellte. Als ich erfahren habe, dass ich unfruchtbar bin, war es, wie wenn sich in mir eine Wüste ausbreitete – in jeder Hinsicht. Ich dachte, mein Leben könne keine Früchte tragen. Es war eine ganz tief greifende Angst, die sagte: Mein Leben ist umsonst.«

Was Ines und Bettina beschreiben, haben viele so ähnlich empfunden: Für Frauen, die ungewollt kinderlos bleiben, zerrinnt eine Sehnsucht, die aus den Tiefen der Seele erwuchs. Ein Herzenswunsch, der sagt: Kinder zu bekommen, das ist das Normale, das Natürliche, das ist im Einklang mit den Kreisläufen des Lebens. Der Wunsch nach Kindern ist bei den meisten wie selbstverständlich vorhanden, wie ein Naturgesetz, wie Atmen, Essen und Schlafen, wie Ebbe und Flut, Morgenlicht und Dämmerung, wie der ewige Lauf der Jahreszeiten. Bleibt die Sehnsucht ungestillt, ist das, wie wenn die Naturgesetze außer Kraft träten: Undenkbar, dass auf den Winter kein Frühling folgt, dass sich die Flut nicht zurückzieht oder die Nacht nicht Platz macht für einen hellen Morgen.

Warum aber greift der Wunsch so tief? Warum löst es solche Erschütterungen aus, wenn er nicht erfüllt werden kann, und stellt den Lebenssinn auf existenzielle Weise infrage? Der Wunsch, so innig und unverwechselbar er sich auch anfühlen mag, ist mehr als ein individuelles Phänomen. Er ist tief in mächtige kulturelle und gesellschaftliche Traditionen eingebettet. Romantische und auch ideologische Glaubenssätze, Normen und Wertvorstellungen, von denen sich niemand ganz lösen kann, unterfüttern ihn seit Menschengedenken.

Kinderlose Frauen und der Mythos der Großen Mutter

Eine Frau zu sein, bedeutete kulturgeschichtlich immer Mutter zu sein. Kinderlosigkeit wurde zu allen Zeiten als unnatürliche Abweichung von der Lebensnorm empfunden. In vielen Kulturen war sie ein legitimer Grund,

Ehen zu beenden und die betroffene Frau zu verstoßen. Über die gesamte Menschheitsgeschichte hinweg wurden Frauen erst dann als vollwertig angesehen, wenn sie geboren hatten.

Frauen im Alten Testament

Schon im Alten Testament finden sich viele Erzählungen vom Leid der kinderlosen Frauen. Da ist die kinderlose Hanna aus dem Buch Samuel. Sie war die zweite Frau von Elkana, diejenige, der er am meisten zugetan war. »Ich liebe dich doch«, tröstete er sie. »Ist meine Liebe nicht mehr wert als zehn Söhne?« Ein wunderbarer, ein einfühlsamer Satz ist das, doch er erreicht Hanna in ihrer Verzweiflung nicht. Sie isst nicht mehr, sie wird krank. Sie bittet Gott um Kinder, sie hadert und verhandelt: Was mag sie ihm in ihrer Verzweiflung angeboten haben? Ihr Leben? Ihren Besitz? Was könnte ihr wertvoll genug erschienen sein? Schließlich bot sie ihm das Kind, das ersehnte, erwünschte Kind selbst an: Lässt er sie empfangen, so versprach sie, wird sie ihm das Kind weihen. Gott willigte ein und Hanna empfing Samuel, den »von Gott Erbetenen«.

Da sind Abraham und seine Frau Sara. Auch Sara war unfruchtbar und stellte ihrem Mann, wie damals nicht unüblich, die Magd Hagar zur Verfügung. Hagar wurde schnell schwanger und gebar dem 86-jährigen Abraham einen Sohn: Ismael. Sie muss sehr stolz gewesen sein, obwohl sie doch nichts als Glück hatte, dass sie nicht unfruchtbar war – und verspottete die unfruchtbare Sara mit dem Selbstbewusstsein der Glücklichen. Sara allerdings bekam später, mit weit über 90 Jahren, doch noch einen Sohn: Isaak.

Oder da ist die unfruchtbare Rachel, die Frau Jakobs, die ebenfalls ihre Magd mehrfach als »Leihmutter« zur Verfügung stellte. Wenn bei der Magd die Wehen begannen, nahm Rachel sie auf ihren Schoß und gebar symbolisch mit ihr die Kinder ihres Mannes, die sie ihm nicht schenken konnte. Nach vielen Ehejahren wurde Rachel schließlich doch noch schwanger und brachte die Söhne Josef und Benjamin, Jakobs Lieblingskinder, zur Welt. Bei der Geburt Benjamins starb sie.

In der Bibel finden kinderlose Frauen zwar Verständnis für ihren Kummer. Doch Frauengestalten, die als Vorbilder dienen könnten, finden sich – zumindest für heutige Maßstäbe – nicht. Nur mit Mühe sind die Erzählungen um Rachel und Sara noch nachvollziehbar: Wer würde seinen Mann an eine andere Frau verweisen, damit sie von ihm empfängt und das Kind gebärt, das doch aus der eigenen Liebesbeziehung entstehen sollte? Kann das nicht nur geschehen, wenn dahinter eine Vorstellung steht, die der Frau ihren Wert nur dann beimisst, wenn sie Mutter sein kann? Wie mag sich Rachel gefühlt haben? Wie sehr hat Sara unter der Unbarmherzigkeit der Magd gelitten?

Zur Identifikation taugen die alttestamentarischen Erzählungen auch deshalb nicht, weil sie dem Grundkonflikt verhaftet bleiben, der am Ende mit Gottes Hilfe durch die Geburt eines Kindes aufgelöst wird: Gott entschließt sich, die Not zu beheben und erbarmt sich der Kinderlosen – Happy End an der Wiege. Was mit jenen Frauen geschieht, deren Gebete nicht erhört wurden, die keine Antwort bekamen, die endgültig kinderlos blieben und deren Verzweiflung sich nicht durch göttliches Eingreifen auflöste, darauf gibt die Bibel keine Antwort. Sie hat keinen Trost für die Frau, die niemals Mutter wird. Keine vorbildhafte Schicksalsfügung findet sich, keine Berichte von kinderlosen und dennoch angesehenen Frauen, die vielleicht für andere Talente oder Leistungen respektiert wurden und ein sinnhaftes, erfülltes Leben ohne Kinder führten. Die Bibel schweigt. Hat es diese Frauen nicht gegeben?

Maria – Inbegriff der Hingabe

Im Neuen Testament wird Maria zur legendären Mutter. Das jungfräuliche Leitbild der christlichen Kultur ist der Inbegriff der Mutterliebe, der Demut und des Gottvertrauens. Fast immer wird sie mit dem Kind im Arm dargestellt, das sie (fast) widerspruchslos angenommen hatte, als der Engel ihr seine Geburt ankündigte. Sie gab sich dem hin, was geschehen sollte – und wird dafür bis heute verehrt.

Die Marienverehrung ist vor allem in den katholischen Frömmigkeitsformen tief verwurzelt. Ein ausgedehntes Wallfahrtswesen, Fatima, Lourdes, Altötting, vielgestaltiges Brauchtum halten Maria als Gestalt und als Mythos lebendig. Maria, die ewige Mutter, das ist diejenige auf unserer, auf des Menschen Seite, Maria, die für uns vor Gott bittet, sich einsetzt, sich aller Sorgen annimmt. Sie ist uns nah wie eine Mutter, vielleicht auch wie eine Mutter, die wir uns gewünscht hätten, aber nie hatten. Eine, die immer Zeit hat, Geduld, Liebe, der man alles anvertrauen kann und die einen trotz Fehlern und Unzulänglichkeiten nicht verstößt. Maria ist die Ikone der Mütterlichkeit, die Hingabe und all das Nährende symbolisiert, das Menschen brauchen.

Eng mit ihr verbunden ist das prunkvollste und auf-
wendigste der christlichen Feste: Weihnachten feiert mit
der Geburt des Jesuskindes auch das Mutterwerden der
Maria und die idealisierte Form menschlichen Zusam-
menlebens: die Familie – die biblische in Betlehem ebenso
wie die heutige –, die aus einer Mutter, einem Vater, einem
Kind besteht. So selbstverständlich ist das im christlichen
Kulturkreis, dass man es nicht weiter hinterfragt. Was aber,
wenn das Kind fehlt, das Mann und Frau zu Eltern macht?
Für Menschen, die ungewollt kinderlos blieben, ist Weihnachten oft nicht leicht zu ertragen.

Göttinnen der Fruchtbarkeit

Nicht nur im Christentum, auch in vielen anderen histo-
rischen und heutigen Religionen werden Mutterschaft und
Fruchtbarkeit verehrt: Dabei sind die Bilder einer mütterlichen Gottheit oder Leitgestalt weit verbreitet. Den alten
Ägyptern galt Isis, die den Sonnengott Horus zur Welt gebracht hatte, als die Göttin der Liebe und der Fruchtbarkeit. Von ihr ging Schutz und Segen übers Land, sie war
verantwortlich für die alljährliche Überschwemmung des
Nil. Die Pharaonen betrachteten sich als ihre direkten
Nachkommen. Auch sie wurde häufig mit dem Kind auf
dem Schoß oder zu Füßen dargestellt; Kult und Bilder
dienten wohl als Vorbild und Inspiration für die christliche
Marienverehrung.

Die erdnahe griechische Götterwelt ist in ihrer Tra-
gik und Schicksalshaftigkeit greifbar: Demeter ist hier eine
besonders eindrückliche Ausformung der Urmutter. Meist
wird sie mit einer Ähre als Symbol für ihren Hoheitsbe-

reich, die Fruchtbarkeit, dargestellt. Der Mythos der Demeter ist ein besonders anrührender Schatz aus der reichen griechischen Mythologie:

Als Hades, der Gott der Unterwelt, beschloss zu heiraten, fiel seine Wahl auf Persephone, die Tochter der Fruchtbarkeitsgöttin Demeter. Hades raubte sie und entführte sie in sein Reich.

Demeter war außer sich vor Schmerz. Rasend vor Kummer floh sie über die Erde, über Felder und Weiden, Wiesen und Weinberge, auf der Suche nach ihrem Kind. All das glückliche Wachsen, Blühen und Gedeihen um sie her muss ihr in ihrer Trauer unerträglich gewesen sein – und so verbot sie den Pflanzen zu wachsen, den Bäumen, Früchte zu tragen, und den Tieren, sich zu vermehren. Auf der Erde brach eine Hungersnot aus, als das Land die Menschen nicht mehr ernährte und die Böden verdorrten.

Die anderen Göttern im Olymp reagierten schnell: Sie zwangen Hades, Persephone freizulassen, und Demeter konnte überschäumend vor Glück und Dankbarkeit ihre Tochter in die Arme schließen. Alles sollte sich mit ihr freuen und so ließ sie das Land wieder Früchte tragen.

Persephone jedoch, so erzählt es der Mythos, kehrte nicht für immer in die Arme der Mutter zurück. Durch eine List des Hades muss sie einige Monate des Jahres in der Unterwelt verbringen. In dieser Zeit ruht das Leben auf den Feldern. Es ist karger, kalter Winter auf Erden, wenn die Mutter auf ihr Kind verzichten muss.

Die Große Mutter

Mythologische Gestalten wie Isis, wie die griechische Demeter, wie Parvati, die im Hinduismus die lebensspendende, liebevoll nährende Kraft verkörpert, oder Juno, die Schirmherrin Roms und Göttin der Geburt, sind in der Psychologie Metaphern für das Wirken des mütterlichen Prinzips. Sie sind bildhafte Verkörperungen von Fürsorglichkeit, Pflege, Wärme, Liebe, Nahrung, Verständnis, all jener Tugenden, ohne die die Menschheit, ohne die das hilflose, menschliche Neugeborene nicht überleben könnte. Wer ein Baby ansieht, kann das Wirken und die Notwendigkeit der mütterlichen Energie in sich spüren. »Die Große Mutter« ist deshalb einer der wichtigsten Archetypen in C.G. Jungs analytischer Psychologie. Archetypen sind unbewusste Leitbilder und Urenergien, die allen Menschen im sogenannten kollektiven Unbewussten gemeinsam sind und in der menschlichen Psyche wirken.

Es ist die Stärke der Religionen und Mythologien, dass sie einen ungeheuren Reichtum an Geschichten, Metaphern und Symbolen bereitstellen, an Wissen über das, was Menschen seit Urzeiten bewegt hat und worin wir alle eingebettet sind – so individuell wir uns als moderne Menschen auch verstehen mögen. Gerade in Situationen im Leben, in denen die Orientierung schwerfällt, liegt hier ein Zugang zur eigenen inneren Landschaft verborgen, der helfen kann, neue Wege zu entdecken.

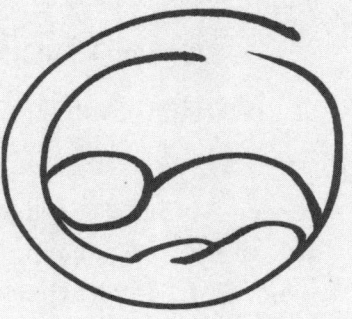

IMPULS

Eine Einladung an die mütterliche Kraft

Ich wähle ein Symbol für die Große Mutter, vielleicht eine Postkarte mit einer Mariendarstellung, die mir zusagt, oder die kunsthandwerkliche Holzskulptur einer afrikanischen Fruchtbarkeitsgöttin. Ich kann auch selbst eine Figur aus Ton oder Pappmaschee formen oder sie malen und dabei dem mütterlichen Prinzip in meinem Leben nachspüren.

> Ich nehme wahr, was in mir vorgeht.
> Ich spüre meinen Körper –
> meine Arme und Beine, meinen Bauch, meine Brust,
> meinen Atem.
> Ich spüre die Luft, die meine Haut umgibt.
> Ich lasse Gefühle und Gedanken vorüberziehen,
> ohne sie zu bewerten.
> Auch die Widerstände, die ich in mir spüre, nehme ich wahr.
> Ebenso Traurigkeit oder Freude, die vielleicht aufsteigen.

> Ich sehe die Große Mutter an.

> Was möchte sie mir sagen?
> Woran erinnert sie mich?
> Welche Kraft kann sie in mir stärken?
> Wobei kann sie mich begleiten?

> Ich wähle einen Platz in meiner Wohnung für sie aus.

Frau sein hieß zu allen Zeiten: Mutter sein

In den Mythologien und Religionen spiegelt sich wider, was an Urerfahrungen in der Menschheitsgeschichte vorhanden ist. Mütterlichkeit und Fruchtbarkeit waren seit jeher die Basis für den Fortbestand des Lebens. Frau sein hieß zu allen Zeiten: Mutter sein.

Kinderlosigkeit war für verheiratete Frauen ein Makel, und betroffene Frauen hatten unter Geringschätzung zu leiden. Dass die Volksmedizin durch die Jahrhunderte allerlei Zaubertränke für Kinderlose bereithielt, verwundert nicht. Wallfahrten wurden empfohlen, Kräuter, Badekuren, Riten und sogar Menstruationsblut sollten gegen Kinderlosigkeit helfen.

Familie als Wirtschaftsgemeinschaft

In vorindustrieller Zeit gab es klare, ökonomische Gründe dafür, viele Kinder in die Welt zu setzen: Sie wurden gebraucht und hatten ihren Wert als billige Arbeitskräfte, zur Versorgung der Eltern im Alter, als Erben. Dabei waren die einzelnen Menschen in ihren Besonderheiten unter den Bedingungen eines täglichen Kampfes ums Überleben nicht von Bedeutung – entscheidend war ihre Funktion in der Familienwirtschaft, wo man aufeinander angewiesen war, auf die Arbeit des anderen, auf seine Fähigkeit und Bereitschaft zur Pflichterfüllung. Die einzelnen Menschen, die zum Beispiel auf einem Bauernhof lebten, waren wichtig, aber nicht als Individuen, sondern in ihrer Rolle als

Leistungs- und Funktionsträger. Das Kontinuum war der Hof selbst, auf dem Generation um Generation lebte und arbeitete. Noch heute tragen in vielen Dörfern die Bauernhöfe eigene Namen, deren Ursprung sich im Dunkel der Jahrhunderte verliert. Die Familiennamen der aktuellen Besitzer treten dabei im dörflichen Alltag hinter dem Hofnamen zurück – mögen der Jackl-Bauer, die Schömmerin oder der Scholter-Georg auch offiziell Maier, Huber oder Müller mit Nachnamen heißen. Die Identität koppelt sich noch heute an den Hof oder den Betrieb, von dem jemand stammt, und zeigt die enge, funktionale Verwobenheit mit dem Herkunftsgefüge.

Nur wenn jeder genügend Leistungen erbrachte, sicherten sie zusammengenommen das Auskommen der Familienwirtschaft. »Wo die Familie derart vorrangig Wirtschaftsgemeinschaft war, da war das oberste Gebot die tägliche Existenzsicherung und der Erhalt der Generationenabfolge.« (Beck-Gernsheim 1998, S. 15) In dieses System gehörten unabdingbar Kinder. Viele wurden geboren, viele starben und nur einige erreichten das Erwachsenenalter. Dazu brauchte es leistungsfähige, körperlich gesunde Frauen, die hart arbeiten und Kinder zur Welt bringen konnten, oft zehn, fünfzehn, achtzehn Mal. Frauen hatten eine ihrer Funktionen in ihrer Rolle als Mutter und Gebärerin. »Unter diesen Bedingungen ist Mutterschaft selbstverständliche Bestimmung des Lebens der (Ehe-)Frau, eben weil es im Grunde kein ›eigenes‹ Leben gibt, sondern primär ein von den Interessen der Familiengemeinschaft bestimmtes Leben.« (ebd., S. 19)

Eine neue Arbeitsteilung

In der vorindustriellen Gesellschaft hatte Mutterschaft vor allem eine biologische Bedeutung: Kinder wurden geboren, stammten von einer Mutter ab, kamen durch sie ins Leben. Mutterliebe und soziale Elternschaft entstanden als Leitnorm und gesellschaftliche Wertvorstellung erst mit der Industrialisierung, die die bäuerliche Einheit von Leben und Arbeiten aufbrach. Erwerbsarbeit außerhalb des Hauses entstand, und damit eine neue Arbeitsteilung zwischen Mann und Frau. Er wurde zuständig für die Außenwelt, sie für die Familie, er für Männlichkeit, sie für Fürsorge, für Hingabe und Demut.

Dienen lerne beizeiten das Weib nach ihrer Bestimmung!
Denn durch Dienen allein gelangt sie endlich zum Herrschen,
Zu der verdienten Gewalt, die doch ihr im Hause gehöret.
Dienet die Schwester dem Bruder doch früh,
*   sie dienet den Eltern,*
Und ihr Leben ist immer ein ewiges Gehen und Kommen
Oder ein Heben und Tragen, Bereiten und Schaffen für andre.
Wohl ihr, wenn sie daran sich gewöhnt, dass kein Weg
*   ihr zu sauer*
Wird, und die Stunden der Nacht ihr sind wie die Stunden
*   des Tages,*
Dass ihr niemals die Arbeit zu klein und die Nadel
*   zu fein dünkt,*
Dass sie ganz sich vergisst und leben mag nur in andern!
Denn als Mutter, fürwahr, bedarf sie der Tugenden alle,
Wenn der Säugling die Krankende weckt und Nahrung begehret
Von der Schwachen und so zu Schmerzen Sorgen sich häufen.

Zwanzig Männer verbunden ertrügen nicht diese Beschwerde,
Und sie sollen es nicht; doch sollen sie dankbar es einsehn.

Goethe, aus Hermann und Dorothea

»In Wissenschaft und Religion, Dichtung und Literatur, in philosophischen Abhandlungen und politischen Reden tauchen durchgängig ähnliche Bilder auf. Die Frau wird auf ein Podest gestellt, als Symbol des Guten und Schönen, als Wächterin über Sitte und Moral. Dies geschieht genau zu dem Zeitpunkt, wo die Wirtschaft freigesetzt wird aus Feudalbindungen und Zunftbestimmungen, aber noch nicht den Schranken und Schutzbestimmungen des Sozialstaats unterworfen ist. Entsprechend hart sind oft die Gesetze des Überlebens im Konkurrenzkampf. Genau im Kontrast dazu wird nun die Rolle der Frau entworfen.« (Beck-Gernsheim 1998, S. 21)

Zur Norm der biologischen Gebärfähigkeit der vorindustriellen Zeit gesellt sich nun das Leitbild der fürsorglichen, liebevollen, aufopferungsbereiten Frau. Gebären können war gleichbedeutend gewesen mit Gebären müssen und wurde nun im aufkommenden Bürgertum mit einem Idealbild sozialer und emotionaler Mütterlichkeit verknüpft.

Der Philosoph und bedeutendste Theoretiker der Aufklärung Jean-Jacques Rousseau gab das Startsignal für die Entdeckung und Umsetzung einer neuen Form der Kindererziehung. Er ist der Erste, der mit seiner Forderung nach freier und sozialer Entfaltung des Kindes völlig neue und bis heute wirksame Grundsätze für die Pädagogik aufstellte und der Mutter erstmals die Kompetenz für die Erziehung der Kinder zuschrieb. Er beeinflusste nachhaltig auch den Schweizer Sozialreformer und Pädagogen Johann

33

Heinrich Pestalozzi, der Kindererziehung auf Liebe und Glauben gründete, die zentrale Bedeutung der Familie und hier der Mutter in den Vordergrund aller pädagogischen Anstrengungen rückte und damit allerdings die Frau auf ihre Funktion als Erzieherin der Kinder reduzierte. »Genau in dieser Periode entstand auch das, was heute Kindheit genannt wird, moderne Kindheit. Kindheit wurde zu einer eigenständigen und hoch bewerteten Lebensphase. Kinder wurden als unschuldige Wesen entdeckt, entdeckt als Wesen, die eines verlängerten Schutzes und dauerhafter Fürsorge bedurften«, schreibt die Pädagogik-Professorin Leonie Herwaatz-Emden.

Aus der Kindererziehung wird eine zentrale Aufgabe der Mütter, die nun für das gesamte Wohlergehen ihres Kindes in der Pflicht stehen, angefangen von seiner Gesundheit, über seine Bildungschancen, seine Wert- und Ordnungsvorstellungen, sein Glück, seinen Erfolg, sein Seelenheil. All das wird zur Aufgabe der Frau als Mutter, mehr noch, es wird als ihr ureigenstes Wesen und Sein verstanden. Mutterschaft wird zu Lebensziel und -aufgabe, zum Lebensmodell des weiblichen Menschen.

Emanzipation und Mutterschaftskult

Gegen Ende des 19. Jahrhunderts beginnt dieses Muttermodell zunächst zu bröckeln. Der Industrialisierungsprozess schreitet fort. In der Unterschicht reicht der Lohn des Mannes nicht für den Familienunterhalt aus, Frauen und Kinder müssen mitverdienen. Vom Land drängen die Mädchen zu Tausenden in die Städte, zur Fabrikarbeit oder als Dienstmägde in den Haushalten, wo sie als Freiwild gelten und häufig ökonomisch wie sexuell ausgebeutet werden. Auch im Bürgertum bilden sich erste, familiennahe Berufsmöglichkeiten für unverheiratete Frauen heraus, während gleichzeitig durch die weitere Differenzierung der Wirtschaft der Umfang der Arbeit, die im Haus zu erledigen ist, abnimmt. (Beck-Gernsheim 1998, S. 41) Die erste Frauenbewegung entsteht und setzt sich für politische und bürgerliche Rechte ein. Noch aber bleiben die Frauen von allen »besseren« Berufen und den Universitäten ausgeschlossen und die wirtschaftliche Versorgung speziell der unverheirateten Frauen wird zunehmend unsicher. Als einzig sicheres Lebensmodell erscheinen wiederum Ehe und Mutterschaft: Lebensziele, die davon unabhängig sind, stehen noch nicht zur Verfügung.

Also konzentrieren sich die bürgerlichen Frauen auf ihre Aufgabe in der Kindererziehung. In ihrer Rolle als Mutter sind sie unanfechtbar, die Mütterlichkeit erfährt eine starke gesellschaftliche Aufwertung in der westlichen Welt. Die Familie wird als Hort der tief gehenden emotionalen Bindungen verstanden. »Der Mutterschaftskult jener Zeit entsteht nicht nur deshalb, weil die Männer bemüht sind, die Frauen an ihrem Platz zu halten, er entsteht *auch* deshalb, weil die Frauen noch kaum einen anderen Platz haben – und deswegen diesen einen ausbauen und absichern müssen. (...) Für sie, die keine Alternative zum »Dasein für andere« haben, wird das Kind zur existenziellen Sicherheit: Solange Mutterschaft mit Ehe verknüpft ist, gewinnt die Frau über das Kind materielle Versorgung durch den Mann.« (ebd., S. 51)

Die Lockerung der traditionellen Lebenskonzepte setzt aber auch einen anderen, entgegengesetzten Impuls für die Entwicklung der Rolle der Frau: Freiräume bilden sich, neue Gestaltungsmöglichkeiten und Lebenskonzepte scheinen wie eine Ahnung am Horizont der gesellschaftlichen Rahmenbedingungen auf und rufen – noch leise – nach einem Aufbruch. Kinder und die Bindungen der Mutterschaft sind da hinderlich: Wer könnte sich aufmachen zu neuen Zielen, wenn Babys versorgt werden müssen und wenn Kleinkinder nach der Mama weinen. Erstmals werden auch die Belastungen der Mutterschaft spürbar und geraten in Konkurrenz zum Bild der heiligen Familie.

Die ersten, die diese Ambivalenz spüren, sind die Frauen der Unterschicht, die früher gezwungen waren, ihren Lebensunterhalt zu verdienen, und damit auch ihren Erfahrungshorizont und Lebensradius erweiterten und sich mehr Unabhängigkeit – auch von eigenen Kindern – wünschten. Aber auch bei den bürgerlichen Frauen erwacht die Sehnsucht nach einer eigenständigen Entwicklung. Die Emanzipation war noch ein zartes Pflänzchen, aber sie begann zu wachsen.

Zeitsprung: Jahrtausendealte Traditionen lassen sich nicht einfach abschütteln. Im 20. Jahrhundert veränderten die gesellschaftlichen und politischen Umwälzungen die Rolle der Frauen und verschoben sie vor allem in Deutschland während der Nazidiktatur und den Nachkriegsjahren zeitweise wieder in Richtung eines traditionellen Familienbildes. Doch die Tendenz zu einer Liberalisierung blieb ebenso erhalten wie das Spannungsfeld zwischen dem Anspruch, Mutterschaft als Aufgabe wahrzunehmen, und dem Wunsch, sich frei und selbstbestimmt zu entwickeln, worunter bald auch eine berufliche Selbstverwirklichung verstanden wurde. Eine Ambivalenz, die für Frauen heute noch eine gewaltige Herausforderung darstellt.

Kinderwunsch heute

Wo in der vorindustriellen Gesellschaft bis auf einige Ausnahmen – zum Beispiel Heiratsverbote für Gesinde und Gesellen – Frausein und Mutterschaft eng zusammengehörten, musste über den Wunsch nach Kindern nicht nachgedacht werden. Kinder kamen und waren, soweit sie gesund waren, als Arbeitskräfte leidlich willkommen. Ebenso später, im 18. und 19. Jahrhundert, als die Idealisierung der Mutterschaft einsetzte. Frau sein bedeutete Mutter sein: Wirkliche Alternativen gab es nicht.

Heute ist das anders. Kinder kommen heute nicht mehr wie früher einfach so, sondern erfordern eine bewusste Entscheidung zu einem bestimmten Zeitpunkt – das, was die Soziologin Elisabeth Beck-Gernsheim die »verantwortliche Planung von Elternschaft« nennt. Die Pille muss abgesetzt, die Spirale gezogen werden. Wenn sich die Schwangerschaft nicht einstellen will, braucht es vielleicht medizinische Unterstützung. Das, was sich früher fließend ins Leben einfügte wie ein Naturgesetz, was im Idealfall aus der Liebe, zumindest aber aus dem intimen Zusammensein zweier Menschen entstand, ist heute ein Problem der bewussten Lebensgestaltung.

Jungen Frauen stellen sich heute viele Fragen: Will ich ein Kind? Will ich es jetzt? Fühle ich mich reif genug? Kann ich die Verantwortung tragen? Reicht das Geld? Ist die Wohnung groß genug? Bleibe ich bei diesem Partner? Kann ich ihn mir als Vater vorstellen? Oder warte ich lieber noch, bis ich mir sicherer bin? Das sind Fragen, die erst in der zweiten Hälfte des vergangenen Jahrhunderts mit der sich entwickelnden persönlichen Freiheit und den medizinischen Möglichkeiten zur Geburtenregelung relevant wurden. Insofern ist der Kinderwunsch ein relativ junges Phänomen.

Lebensentwürfe und Selbst-verwirklichung

Der Wunsch nach einem Kind ist individuell sehr unterschiedlich ausgeprägt, aber die wenigen Studien, die es dazu gibt, zeigen, »dass das Thema eigener Kinder von den Frauen fast nie isoliert angesprochen« wird (BZgA, S. 55), sondern für »ein gesamtbiografisches Großprojekt ›Familie‹ steht. Wünsche nach Kindern beziehen sich nicht präzise auf konkrete Vorstellungen von einem Kind, sondern symbolisieren einen ganzen Lebensentwurf«. (ebd.) Das ist Frauen mit Kinderwunsch gemeinsam. Welche Färbung der Lebensentwurf im Einzelnen annimmt, das variiert.

Hinter dem Wunsch nach einem Kind steht ein ganzes Lebenskonzept.

Da können Vorstellungen von einem Leben in Geborgenheit und stabilen emotionalen Bindungen eine Rolle spielen, von gelebter Gemeinsamkeit mit einem Partner oder die Übernahme von Verantwortung und andere persönliche Werte. Umgekehrt lehnen Frauen, die keinen Kinderwunsch haben, nicht Kinder an sich ab, sondern die »über ein konkretes Kind hinausgehenden bzw. damit assoziierten gesamtbiografischen Vorstellungen« (ebd.), beispielsweise die Einschränkungen eines Lebens als Mutter.

Auch Selbstverwirklichung spielt dabei eine Rolle. Sozialpsychologen und Soziologen gehen davon aus, dass

38

Menschen Entscheidungen nach Kosten-Nutzen-Erwägungen treffen. In mehreren amerikanischen und europäischen Studien der vergangenen Jahrzehnte fanden die Forscher heraus, dass es drei Dimensionen des erwarteten Nutzens durch ein (erstes) Kind geben kann: die ökonomische, die psychische und die soziale. Dabei spielen heute die psychischen Faktoren die Hauptrolle: der Wunsch nach Liebe, nach Geborgenheit, nach heiler Familie, aber auch der Wunsch nach Selbstverwirklichung, der sich mit der Entscheidung für ein Kind verbindet. Ein Faktor, der im Übrigen auch für Kinderlose zutrifft, die sich bewusst gegen eine Elternschaft entschieden haben: »Mütter sagen Ja zum Kind, weil sie das Baby als Vehikel für dieses Ziel (die Selbstverwirklichung, Anm. d. Verf.) betrachten, Kinderlose entscheiden sich gegen das Kind, weil sie den Nachwuchs als Hemmschuh für die eigene Entwicklung einschätzen«, schreibt die Hamburger Psychologin Susie Reinhardt, die Kinderlosigkeit in Deutschland erforscht hat.

All diese Aspekte spielen bei der Entscheidung für oder gegen Kinder eine Rolle, fanden die Forscher heraus – auch wenn kaum jemand so nüchtern Kosten und Nutzen von Kindern auflistet, um auf dieser Basis eine Entscheidung zu treffen. Wichtig ist auch, wie die Psychologin Christine Carl feststellt, das Verhältnis zur eigenen Mutter und das Bild von Elternschaft, das in der Herkunftsfamilie vermittelt wurde. Christine Carl untersuchte im Rahmen eines Forschungsprojekts der Universität Freiburg die langfristige Bewältigung von gewollter und ungewollter Kinderlosigkeit, die Hintergründe, Motive und Auswirkungen auf das Leben und die Identität.

Deutschland macht es Frauen schwer

Die Deutschen kriegen zu wenig Kinder, das wird seit Jahren gebetsmühlenhaft in Zeitungsartikeln, Kommentaren und Fernsehberichten wiederholt. Doch nur selten trifft man Menschen, die sich ausdrücklich entschieden haben: Ich will keine Kinder, ich lebe besser ohne sie. Wer mit Kinderlosen spricht, bekommt den Eindruck, dass selten sie, sondern viel häufiger das Leben entschieden hat: schicksalhafte Ereignisse, gesellschaftliche Rahmenbedingungen, medizinische Probleme. Oder eben ganz alltägliche persönliche Umstände.

Jede fünfte Frau in Deutschland ist inzwischen kinderlos und wird es bleiben. Bei Frauen mit Universitätsabschluss sind es, glaubt man den Statistiken, inzwischen sogar über 40 Prozent. Was sind die Gründe? Wollen all diese Frauen keinen Nachwuchs? »Im Gegenteil«, sagt die Gießener Familienwissenschaftlerin Uta Meier-Gräwe. »Die jungen Leute wollen nach wie vor mit Kindern leben, aber auch mit einem Beruf. Das ist die grundsätzliche Orientierung, die von der Politik lange nicht wahrgenommen wurde.«

Und tatsächlich machen es die gesellschaftlichen Rahmenbedingungen in Deutschland Frauen schwer, Familie und Beruf zu vereinbaren. Vieles spricht dafür, den Kinderwunsch aufzuschieben, bis man beruflich fest im Sattel sitzt, sich erst auf Ausbildung oder Studium zu konzentrieren und danach ein paar Jahre Berufserfahrung zu sammeln, damit das Ganze nicht umsonst war.

Zudem: Irgendwoher muss das Geld für Pampers und Co ja kommen. Immerhin 426 Euro pro Monat kostet ein Kind in den ersten sechs Lebensjahren. Die gesamten Kinderkosten bewegen sich bei einer Familie mit zwei Kindern zwischen 225.000 Euro in einem Arbeiterhaushalt und rund 405.000 Euro in einem Akademikerhaushalt mit hohem Einkommen, ergab eine Studie des Berliner Familienministeriums. Die Summen addieren sich aus den tatsächlichen Kosten, die Kinder verursachen, und den Einkommensverlusten der Mütter, die ganz oder teilweise aus dem Beruf aussteigen. Geldwerte für die Freizeiteinbußen der Eltern sind darin nicht enthalten. Das ist sehr viel Geld und wird durch staatliche Familienhilfen wie Steuerfreibeträge oder Kindergeld nicht annähernd ausgeglichen.

Die schwierige Arbeitsmarktsituation tut ein Übriges: Der Einstieg ins Arbeitsleben wird immer mühevoller. Lange Studienzeiten – Akademiker sind im Schnitt 28 Jahre alt, wenn sie in ihren Beruf eintreten –, Arbeitslosigkeit, Praktika, Zeitverträge schieben den Berufseinstieg und damit auch die Familienplanung biografisch nach hinten. Bloß nicht schwanger werden!, denken die jungen Frauen und schlucken Pille um Pille, denn sie wissen: Eine Schwangerschaft würde mit einiger Sicherheit die Chancen auf einen qualifizierten Arbeitsplatz drastisch reduzieren.

Ist dann der Job endlich gefunden, wird die Entscheidung nicht leichter: Kinder zu bekommen, bedeutet für Frauen immer noch einen massiven Einschnitt in die Erwerbsbiografie, während sich für frisch gebackene Väter kaum etwas ändert. Von den Frauen, die vor der Geburt ihrer Kinder berufstätig waren, schafft es nur rund die Hälfte, nach der Elternzeit wieder in den Beruf zurückzukehren. Für Mütter, die vor der Geburt ihrer Kinder nie berufstätig waren, ist der Einstieg in die Arbeitswelt sehr, sehr schwierig.

Ganz düster sieht es bei Frauen in den Führungsetagen aus. Sie verzichten mehrheitlich ganz auf Kinder. Nach einer Studie aus dem Jahr 2004 lebte nur ein knappes Drittel der weiblichen Führungskräfte mit Kindern. Männliche Chefs dagegen können Job und Familie offenbar leichter vereinbaren: Mehr als 50 Prozent der Männer in Führungspositionen sind Väter. Ihre Frauen sind meist selbst nicht berufstätig, halten ihren Männern den Rücken für die Karriere frei und kümmern sich um den Nachwuchs. Weibliche Chefs haben diesen Spielraum meist nicht: Ihre Partner sind oft selbst Führungskräfte und voll erwerbstätig.

Was die Vereinbarkeit von Familie und Beruf für Arbeitnehmerinnen so schwer macht, ist der Mangel an Kinderbetreuungsmöglichkeiten. Krippenplätze sind immer noch Mangelware und die wenigen vorhandenen Plätze sind sehr teuer. Im Kindergartenalter sieht es nur wenig besser aus. Nur etwa 60 Prozent der Dreijährigen haben einen Kindergartenplatz und oft genug umfasst der nur ein paar Stunden am Vormittag. Und im Grundschulalter bricht die Kinderbetreuung vollends zusammen: kaum Hortplätze, viel zu wenig Mittagsbetreuung. Deutschland macht es Frauen nicht leicht, aus ganzem Herzen Ja zum Kind zu sagen.

Interview: In der Mitte des Lebens

Mit Anfang, Mitte 40 ist es so weit: Auch wenn die Wechseljahre noch weit entfernt sind, fühlen sich die meisten Frauen zu alt für (noch) ein Kind. War der Kinderwunsch bisher eine mehr oder minder vage Planung, eine Möglichkeit, eine Hoffnung, eine Option für die Zukunft, wird es jetzt ernst. Das letzte Hintertürchen, hinter dem vielleicht ein leiser Zweifel seinen Platz hatte, schließt sich. Das vage

»Vielleicht ja doch, später einmal?« weicht der Realität, aus der Vorläufigkeit des Planens, des Wünschens und der Sehnsucht werden harte Fakten: Entweder frau ist Mutter, dann wird sich an der Kinderzahl nichts mehr ändern. Oder frau ist kinderlos – und wird es endgültig bleiben.

Vielleicht hängt es auch damit zusammen, dass viele Frauen zu Beginn des fünften Lebensjahrzehnts eine nachdenkliche Zeit erleben, in der sie eine erste, vorläufige Bilanz ihres Lebens ziehen. Da tauchen Fragen auf: Was wollte ich? Was davon habe ich erreicht? Was ist es mir wert? Was habe ich bisher vernachlässigt? Was habe ich noch vor? Wovon muss ich mich verabschieden?

Lange Zeit wurde die Lebensphase der mittleren Jahre von der Forschung vernachlässigt. Man glaubte: Nur Kinder, Jugendliche und junge Erwachsene entwickeln sich, entfalten ihre Persönlichkeit, lernen und erwerben Kompetenzen, bis ein Plateau erreicht ist, auf dem kaum noch Veränderungen stattfinden. Erst das Alter war eine Lebensphase, das die Forscher wieder interessierte. Auch die Gesellschaft sah es so: Für trotzende Kleinkinder und pubertierende Jugendliche hatte man Verständnis. Männer in der Midlife-Crisis, die das Familieneinkommen für ein teures Cabriolet auf den Kopf hauten, wurden mitleidig belächelt und Frauen mit Mitte 40, die Knall auf Fall den Ehemann verließen, konnten kaum auf Verständnis hoffen.

Diese Sichtweise beginnt sich langsam zu ändern. Neuere Forschungen ergaben: Wenn sich auch von einer allgemeinen Persönlichkeitskrise in der Lebensmitte, von einer Midlife-Crisis, kaum wissenschaftlich gesicherte Spuren finden lassen, gibt es in dieser Lebensphase dennoch vielfältige Herausforderungen, Entwicklungschancen und tief greifende Veränderungen in allen Lebensbereichen.

Die Psychologin Marina Schmitt arbeitet in der Abteilung für Psychologische Alternsforschung des Psychologischen Instituts der Universität Heidelberg. Ihr Forschungsschwerpunkt ist das mittlere Erwachsenenalter.

Warum geraten so viele Menschen in der Lebensmitte ins Grübeln?

Schmitt: Der Blickwinkel beginnt sich zu ändern: Während bisher in Jahren seit der Geburt gedacht wurde, rückt jetzt stärker die Betrachtung der Jahre in den Vordergrund, die noch zum Leben bleiben. Die Menschen erleben die Vergänglichkeit, wenn im Familienkreis die alte Generation wegzusterben beginnt, wenn die eigenen Eltern älter und vielleicht gebrechlicher werden, wenn sich die ersten Alterserscheinungen am eigenen Körper bemerkbar machen, wie zum Beispiel eine beginnende Altersweitsichtigkeit, oder wenn erste Hitzewallungen auf den Beginn der Wechseljahre hindeuten. Das Haar wird grauer, die ersten Falten erscheinen, das Kinn ist nicht mehr so straff.

Dazu kommt heute, dass diese Lebensphase von Widersprüchen und konkurrierenden Anforderungen geprägt ist. Zum Beispiel: Biologisch gesehen weitet und verlängert sich das Erwachsenenalter. Die Mädchen sind jünger, wenn sie ihre erste Menstruation bekommen, und die Frauen sind älter, wenn sie in die Wechseljahre kommen. Soziologisch gesehen verkürzt es sich aber. Der Berufsanfang schiebt sich durch lange Ausbildungszeiten weiter nach hinten, das Berufsende kommt heute früher. Oder ein anderes Beispiel: Beruflich ist man auf der Höhe der Karriere und ihrer Verdienstmöglichkeiten angekommen und der Beruf hat starke identitätsstiftende Kraft. Andererseits gelten Menschen ab 45 schon als »ältere« Arbeitnehmer, was sowohl in den Betrieben als auch in der Gesellschaft selbst stigmatisiert ist. Sie sind eine Risikogruppe mit äußerst geringen Chancen auf dem Arbeitsmarkt und teilweise sehr hohen psychischen Belastungen ausgesetzt.

Typisch sind auch eine Vielzahl von Rollen, zum Beispiel berufstätige Frauen, die gleichzeitig Ehefrauen und Mütter von heranwachsenden Kindern sind, aber auch Töchter von alternden Eltern. Da entstehen Konflikte, mit denen man sich auseinandersetzen muss.

Entwicklungsphasen haben ja ihren Sinn: In der Trotzphase entdecken Kleinkinder ihr Ich, in der Pubertät lernen Jugendliche die Abnabelung von der Familie. Was gibt es in der Lebensmitte zu entdecken und zu lernen?

Schmitt: Orientiert man sich an C.G. Jung, so fällt in das mittlere Erwachsenenalter die Integration von Animus und Anima, das heißt der männlichen und weiblichen Anteile, die jeder Mensch in sich trägt. Danach beginnt bei den Männern ein Prozess, der sie offener macht für ihre weiblichen Eigenschaften wie Sensibilität, Zärtlichkeit und dem Wunsch nach dem Zusammensein mit anderen Menschen. Bei Frauen können nun nach der Annahme Jungs eher männliche Eigenschaften wie Durchsetzungskraft, Macht- und Selbstbewusstsein zum Zuge kommen. Ein weiteres Entwicklungsthema, das im mittleren Erwachsenenalter in den Vordergrund tritt, ist nach E.H. Erikson die Generativität. Er meint damit, sich um die zukünftigen Generationen zu kümmern, eigene Erfahrungen, Werte und Lebenseinstellungen an die Kinder oder Jugendlichen bzw. jungen Erwachsenen weiterzugeben. Dies kann zum Beispiel auch in Form eines Mentoring für jüngere Mitarbeiter oder Kollegen im Beruf stattfinden. Es geht dabei auch darum, einen Beitrag zum Leben nachfolgender Generationen zu leisten durch Kunst, durch Literatur oder durch soziales Engagement. Als Kehrseite der Medaille beschreibt er die Gefahr der Stagnation: Man kreist ausschließlich um sich selbst, kümmert sich nur noch um das eigene Wohlbefinden und ist letztlich nur auf sich selbst zurückgeworfen, was die weitere Entwicklung deutlich behindern kann.

Wie schätzen sich die Menschen in der Lebensmitte selbst ein?
Schmitt: Im Durchschnitt fühlen sie sich zehn Jahre jünger, als sie sind! Und sie nennen eine Reihe von positiven Merkmalen: Sie fühlen sich funktions- und leistungsfähig, verantwortungsbewusst und kompetent, verfügen über Klugheit, Erfahrung und auch Macht.

Wie verändern sich die persönlichen Beziehungen?
Schmitt: Enge, intime Beziehungen werden zunehmend wichtiger. Während in der Jugend und im frühen Erwachsenenalter ein großer Bekanntenkreis eine Rolle spielte, legt man jetzt nicht mehr so viel Wert darauf, auf jeder Party dabei zu sein und viele Leute zu kennen, sondern schätzt einen kleineren Kreis von vertrauten Personen. Das liegt daran, dass es wichtiger wird, sich emotional auszutauschen. Gleichzeitig werden Beziehungen auch kritischer gesehen, denn manche Beziehungen können ja auch eine Belastung sein, wenn sie wenig unterstützend sind und viel fordern.

Auch die Beziehung zu den eigenen Eltern verändert sich, wenn diese zunehmend Unterstützung und Hilfe brauchen. Da geht es darum, die eigene Rolle als erwachsenes Kind neu zu definieren, zum Beispiel die Auflehnung und Emanzipation der Jugend hinter sich zu lassen und den eigenen Eltern als reifer Mensch mit einer neuen Rolle und einer anderen Liebe entgegenzutreten.

Dazu muss sich das Bild der Eltern verändern: Eltern sind Individuen mit eigenen Rechten, Nöten und Grenzen und einer prägenden Lebensgeschichte, die weit vor der eigenen Existenz als Kind begann.

Und die Partnerschaft?
Schmitt: Auch die Partnerschaft tritt wieder mehr in den Vordergrund. Manche Paare waren so damit beschäftigt, Eltern zu sein, dass sie vergessen haben, ihre Zweierbeziehung zu pflegen. Dann stellen sich jetzt Fragen wie: Ist das noch der Mann, mit dem ich alt werden möchte? Liebe ich ihn immer noch? Kenne ich ihn überhaupt noch? Mit dem Älterwerden der Kinder und ihrem Auszug stehen die Paare also auch vor die Aufgabe, sich stärker auf die Partnerschaft zu konzentrieren und gemeinsam neue Perspektiven, zum Beispiel bezüglich der Gestaltung der Partnerschaft oder der Rollenverteilung, zu entwickeln. Chancen liegen hier darin, den entstandenen Freiraum durch den Wegfall von Belastungen zu nutzen. Häufig fallen auch partnerschaftliche Spannungen wegen der Kinder weg, es bleibt mehr Zeit für gemeinsame Aktivitäten. Man kann wieder mehr füreinander da sein und sich gegenseitig unterstützen.

Bei kinderlosen Paaren?
Schmitt: Menschen ohne Kinder sind zufriedener in ihren Partnerschaften und pflegen häufig einen engeren Kontakt zu ihren Freunden als gleichaltrige Eltern. Wir finden hier also kaum eine Abnahme bei der Paarzufriedenheit, wie wir sie bei Eltern nach der Geburt eines Kindes und während der zeitintensiven und anstrengenden ersten Jahre erleben. Nichtsdestotrotz sind auch gerade kinderlose Paare permanent vor die Aufgabe gestellt, ihre Partnerschaft zur beiderseitigen Zufriedenheit zu gestalten und mit den in

der gemeinsamen Entwicklung sich ergebenden Veränderungen umzugehen.

Was weiß die Forschung über Unterschiede zwischen Eltern und kinderlosen Erwachsenen?

Schmitt: Generell lässt sich sagen, dass allein die Tatsache, ob ein Paar Kinder hat oder nicht, wenig Einfluss auf das Wohlbefinden und die psychische Gesundheit hat. In Studien zu psychischen Erkrankungen, wie zum Beispiel Depressionen, zeigt sich, dass kinderlose Frauen häufiger erkranken als ihre Altersgenossinnen mit Kindern, dass die negativen Einflüsse der Kinderlosigkeit jedoch wesentlich geringer sind als etwa der Einfluss von Scheidung oder Trennung. Hervorzuheben ist außerdem, dass nicht die Tatsache, Kinder zu haben, allein gesund hält. Es kommt vielmehr auf die Qualität der Beziehung an, also darauf, ob man sich mit seinen Kindern gut versteht und wenn nötig von ihnen Unterstützung erhält. Sind die Interaktionen mit den Kindern unbefriedigend, so haben Erwachsene mit Kindern ein deutlich höheres Risiko, psychisch krank zu werden, als kinderlose Paare. Insgesamt heißt das, dass eine unbefriedigende Beziehung zu den eigenen Kindern für die eigene Psyche schädlicher ist, als gar keine Kinder zu haben.

Worauf kommt es an, wenn Menschen zukunftsorientiert durch die Lebensmitte gehen möchten? Was könnte ein Ziel sein?

Schmitt: Studien zufolge sind drei Dinge von besonderer Bedeutung: sich für etwas zu engagieren (in der Familie, bei Freunden, im sozialen oder beruflichen Bereich, in der Partnerschaft), dem Leben Bedeutung zu verleihen bzw. einen Sinn zu finden und schließlich Dinge zu haben, an denen man sich freuen kann.

Von Müttern
und kinderlosen
Töchtern

Die Mutter ist der erste Mensch in jedem Leben. Sie empfängt, sie gebärt, sie nährt, sie liebt, sie gibt, sie fordert, sie urteilt: Sie ist diejenige, die dem Kind als Erste zeigt, was die Verbindung zwischen zwei Menschen ausmacht. »Das Verhältnis, das in den ersten Tagen, Monaten und Jahren entsteht, ist das Vorbild für unsere künftigen Beziehungen. Die Denkstrukturen, Verhaltensmuster, Schutzmechanismen, die wir in dieser Zeit entwickeln, bestimmen unsere Persönlichkeit.« (Filliozat, 2004).

So, wie die eigene Mutter ist, ist es gut und normal: Davon ist das Kleinkind überzeugt, weil es noch keine Alternativen kennt, ja, weil es noch lange nicht begreifen wird, dass es überhaupt Alternativen gibt – und weil es zum Überleben auf die Mutter (oder eine andere primäre Bezugsperson) angewiesen ist. Ablösung kann erst entstehen, wenn das Kind Schritt für Schritt fähig wird, für sich selbst Verantwortung zu übernehmen.

Mutterbeziehungen

Manche der von der Mutter geprägten Überzeugungen liegen auf so tiefer seelischer Ebene, dass sie ihre Gültigkeit weit über die Kindheit hinaus behalten. Für Töchter bedeutet das, dass auch ihre Vorstellungen von Mutterschaft entscheidend damit zu tun haben, wie ihre Mutter das Muttersein lebte. Studien haben auch gezeigt, dass die Mutterbeziehung ihre Auswirkungen darauf hat, ob sich eine Frau Kinder wünscht oder nicht.

»Jede Frau formt ihr Mutterbild aus ihren Erfahrungen mit der eigenen Mutter. Deren Persönlichkeit, ihre Beziehung zur Tochter, ihre Ehe und die Art, wie sie ihr Leben lebt, wird für die Tochter auf unbewusster wie auf bewusster Ebene zur Grundlage dessen, was Frausein für sie bedeutet. Jede Tochter identifiziert sich damit, rebelliert dagegen und versucht letztendlich, mit dem emotionalen Erbe ihrer Mutter zurechtzukommen.« (Safer 1998, S. 103)

Fast alle Frauen, die für dieses Buch aus ihrem Leben erzählten, sprachen viel über ihre Mütter, manche liebevoll, manche abgrenzend, manche bedauernd. Bei einigen waren auch Wut und alte Verletzungen spürbar, die noch nicht verheilt sind.

Sabine: Ich muss nicht jede Erfahrung im Leben gemacht haben

Zum Beispiel Sabine. Die 47-jährige Architektin hat sich früh bewusst entschlossen, keine Kinder zu bekommen. »Ich fühle mich in der Gesellschaft von Kindern nicht wohl«, sagt sie und bricht ungerührt, fast genussvoll damit das gesellschaftliche Tabu, das heißt: Es ist verboten, Kinder nicht zu mögen. Sie dagegen sagt: »Kinder sind mir lästig.«

»Meine Mutter war ganz für uns da, sie war die klassische Hausfrau mit drei Kindern in der Kleinstadt der 1960er-Jahre. Sie hatte aufgehört, als Lehrerin zu arbeiten, als mein Bruder zur Welt kam.

Bei uns stand selbstverständlich das Mittagessen immer pünktlich auf dem Tisch, auch wenn meine Mutter sichtlich keine Lust hatte zu kochen und über den nötigen Einkauf jammerte. Das Haus war immer spiegelblank, auch wenn sie sich über die Putzerei beklagte. Täglich wurde gesaugt, zweimal täglich das Bad gewischt. Meine Mutter sorgte für uns, aber ich hatte immer das Gefühl, dass sie lieber etwas ganz anderes machen würde. Zwar hing jedes Fleckchen Wand bei uns zu Hause voll mit Kinderfotos, aber real waren meine Geschwister und ich Störenfriede. Wir schleppten Schmutz herein, wir machten Unordnung, wir waren zu laut, wie benahmen uns immer falsch. Unsere Mutter ließ uns das dauernd fühlen. Tu dies nicht, sei leise, lass jenes! Häufig bekam sie Kopfschmerzen und musste sich hinlegen, wenn wir böse waren.

Wenn ich an meine Kindheit denke, dann sehe ich meine Mutter in der Kittelschürze, mit einem Kopftuch um die Haare und auf ihren Besen gestützt wie Else Kling aus der Lindenstraße. Und sie schimpft. Oder ich sehe sie leidend, mit einem nassen Waschlappen auf der Stirn im abgedunkelten Wohnzimmer auf der Couch liegen.«

Mutterschaft hat sich bei Sabine eng mit der Vorstellung verbunden, ganz und gar fremdbestimmt zu sein. Mutterschaft – das klingt für sie nach Opfern, nach Entbehrungen, nach Freudlosigkeit: alles andere als ein erstrebenswertes Ziel. »Schon als Kind dachte ich: Es muss schrecklich sein, eine Mutter zu sein. Das möchte ich nie. Da hat man zu viel Arbeit und wird immer gestört. Meine Mutter sagte oft ›Ihr macht mich krank‹, wenn wir etwas angestellt hatten oder schlechte Noten bekamen.«

Also stand für Sabine fest: Sie würde keine eigenen Kinder haben. »Vielleicht habe ich die Haltung meiner Mutter übernommen: Ich tue mich schwer mit Kindern. Die negativen Seiten gehen mir schnell auf die Nerven, der Lärm, der Schmutz, das Kreischen. Ich habe nichts gegen Kinder, aber ich habe nicht viel Spaß daran, mit meinem zweijährigen Neffen Bauklötze zu spielen oder meine Gesprächsthemen dem Horizont meiner vierjährigen Nichte anzupassen. Ich tue es, wenn ich bei meiner jüngeren Schwester zu Besuch bin, und bin freundlich dabei – aber ich bin lieber mit Erwachsenen zusammen. Spaß habe ich im Kino oder beim Tennisspielen. Spannend sind für mich Reisen, nicht Regenwürmer, die ein Kind aus der nassen Wiese gezogen hat. Liebe und Zärtlichkeit erlebe ich mit meinem Mann. Spielen tue ich mit meinem Hund. Mir fehlt wohl der Bezug zu dieser kindlichen Erfahrungswelt, von der alle so schwärmen.«

»Lieber bin ich mit Erwachsenen zusammen.«

Die unglückliche Mutter hat Sabines Vorstellungen von Mutterschaft nachhaltig geprägt: Selbst Mutter zu werden, erschien ihr widersinnig – was hätte sie auch locken können an einem Leben, das, wie ihre Mutter ihr gezeigt hatte, voller Entbehrungen und Unzufriedenheit steckte. Wie sollte vor diesem Hintergrund der Wunsch nach einem eigenen Kind überhaupt entstehen, wenn die Mutterrolle derart belastet war?

»Ich finde das beachtlich, mit welcher Geduld und welchem Verständnis sich die meisten Frauen, die ich kenne, in die Mutterrolle fügen«, sagt Sabine. »Geduld fehlt mir völlig, ich warte nicht gern, ich mag reibungslose Abläufe.«

Sabine hat sich, als sich ihre Beziehung zu ihrem späteren Mann vertiefte, bewusst mit ihrer Entscheidung, kinderlos zu bleiben, auseinandergesetzt. Der Prozess zog sich über zwei Jahre, in denen sie viele Gespräche suchte: mit einer verständnisvollen Pfarrerin, mit Freundinnen, die Kinder hatten, mit kinderlosen Frauen, mit ihrem künftigen Mann, einem Physiker, der beruflich viel unterwegs ist. »Er überließ

»Ich wollte mich **bewusst** *entscheiden.«*

mir die Entscheidung, weil er fand, dass ich als Frau viel stärker betroffen bin. Er wollte keinesfalls aus seinem Beruf aussteigen, um mit einem Kind zu Hause zu bleiben. Das reizte ihn nicht, das wäre meine Aufgabe gewesen.

Ich wollte nicht einfach automatisch auf das Verhalten meiner Mutter reagieren. Ich wollte das hinterfragen, und dann bewusst und frei entscheiden, weil ich Angst hatte, dass ich es einmal bereuen würde. Mir war es wichtig, die Aufarbeitung meiner Mutterbeziehung von meiner eigenen Lebensplanung zu trennen. Meine Mutter sollte nicht mit ihrer Unzufriedenheit mein Leben bestimmen.«

Sabine führte in dieser Zeit intensiv Tagebuch und schrieb Gefühle und Erinnerungen auf: »Auch das war für mich eine Rückversicherung für später. Ich wollte mir selbst dokumentieren, dass ich mich in alle Richtungen mit dem Thema beschäftigt hatte.«

Tauchten in dieser Zeit nie Zweifel auf? »Nein«, sagt sie. »Das wichtigste Thema, an dem ich lang knabberte, war, dass ich mir mit dieser Entscheidung selbst Erfahrungen nahm, die ich auf keine andere Weise machen kann. Da war ich unsicher, ob das richtig ist, wenn ich mir das nehme. Aber das war eine nüchterne, vom Kopf gesteuerte Überlegung. Ich hatte ja keine Sehnsüchte.«

Sabine erschien es widersinnig, Erfahrungen zu suchen, die sie nicht anzogen. »Man macht so viele Erfahrungen nicht: Ich gehe nicht drei Jahre in ein buddhistisches Waldkloster, nur weil das eine einzigartige Erfahrung wäre. Ich lerne nicht Fallschirmspringen, obwohl diejenigen, die es machen, davon schwärmen. Ich setze mich nicht in den Rollstuhl, um als Behinderte in einer behindertenfeindlichen Gesellschaft Erfahrungen zu machen und vielleicht in meiner Persönlichkeitsentwicklung davon zu profitieren. Ich sehe keinen Sinn darin, etwas zu tun, was ich nicht möchte, wenn ich es vermeiden kann.«

Vielleicht ist auch das ein Erbe ihrer Mutter – und eine Gegenbewegung zu deren Leben: nicht zu tun, was sie nicht möchte – wenn es vermeidbar ist. Anders sein als die Mutter, die ständig über ihre Verpflichtungen klagte und doch nichts an ihrem Leben ändern konnte oder wollte.

Melanie: Meine Mutter hat mich verwöhnt

Auch die Visagistin Melanie, 44 Jahre alt, hatte eine Mutter, die ganz für ihre Tochter lebte. Anders als Sabines Mutter wirkte sie aber reich erfüllt in ihrem Leben zwischen Hausaufgaben und Ballettunterricht der Tochter, zwischen Familienessen, Wohnzimmerdekorationen, Elternbeirat und Staubsaugen. »Ich hatte die beste Mutter, die man sich denken kann, und wir hatten bis zu ihrem Tod ein enges, liebevolles Verhältnis. Für sie war ich der wichtigste Mensch der Welt. Sie war immer für mich da, sie hat mich nie eingeengt. Ich vermisse sie sehr.«

Melanie gerät ins Schwärmen, als sie aus ihrer Kindheit erzählt: Wie die Mutter ihr ein glitzerndes Prinzessinnenkleid mit drei Unterröcken selbst nähte. Wie sie Pausenbrote als essbare Clowngesichter belegte, wie sie sie tröstete, als ihr Hund eingeschläfert werden musste. Wie sie ohne Anlass Überraschungspartys für Melanie veranstaltete, wie sie gemeinsam Melanies erste Wohnung strichen und die Mutter tagelang durch die Geschäfte zog, um genau den perlenbestickten rosa Lampenschirm zu finden, der zum neuen Sofa passte. Als Melanies erste Liebesbeziehung in die Brüche ging, weinte sie sich selbstverständlich bei ihrer Mutter aus. »Meine Mutter hat mich verwöhnt«, sagt sie, »ich weiß das. Aber ich weiß auch, dass ich damit eine wunderbare Lebensbasis bekommen habe. Ich musste nicht um mein Selbstbewusstsein kämpfen, so wie viele andere. Ich hatte es einfach. Meine Mutter hat mir immer gezeigt, dass sie mich schön und klug und nett findet. Also war ich das auch.«

> »Ihre *Liebe* war eine wunderbare Lebensbasis.«

Mag sein, dass Melanies Mutter auch deshalb so hingebungsvoll für ihr Kind sorgte, weil ihr 21 Jahre älterer Mann oft abwesend war. Er arbeitete als Manager einer Hotelkette, die Häuser in ganz Europa hatte, und reiste viel. War er zu Hause, kam er Melanie vor wie das fünfte Rad am Wagen, ein Gast, der ein wenig fremd blieb in der Symbiose aus Mutter und Kind, der nicht wusste, wo die Kakaodose stand, und die Namen von Melanies Lehrerinnen nicht kannte.

»Ich habe nie begriffen, wie die Ehe meiner Eltern funktionierte. Ich weiß nicht, ob sie sich liebten. Mir kam es vor, als wären meine Mutter und ich Schwestern, die ab und zu von einem Vater besucht wurden. Mich störte es als Kind, wenn er kam. Ich fand, er beanspruchte zu viel Aufmerksamkeit.« Zum Beispiel durfte Melanie in seiner Abwesenheit bei der Mutter im Ehebett schlafen. Wenn aber der Vater kam, musste sie in ihr Zimmer.

Melanie hat das Kinderkriegen verpasst, wie so viele. »Mir schien der Zeitpunkt nie geeignet. Es kam immer etwas dazwischen. Eine Reise in die Karibik mit Malaria-Prophylaxe. Also nahm ich weiter die Pille. Dann wollte ich eine zweite Ausbildung machen, da hätte eine Schwangerschaft nicht gepasst. Danach wieder eine Fernreise und der konkrete Plan, nach der Rückkehr meinen Salon zu eröffnen, also auch kein guter Zeitpunkt.«

Dann wurde Melanies Mutter krank und starb zwei Jahre später an metastasiertem Brustkrebs. Melanie stand ihr zur Seite, durch Chemotherapien und Bestrahlungen, durch Angst und Schmerzen, und pflegte sie die letzten Wochen, bevor sie in den Armen ihrer Tochter starb. »Sehr lange konnte ich vor Trauer kaum arbeiten. In der Zeit hatte ich einen starken Kinderwunsch, ein Mädchen wollte ich, wohl um an die Beziehung mit meiner Mutter anzuknüpfen. Gleichzeitig war aber auch Angst da, dass ich einem Kind in dieser schwierigen Phase nicht gerecht werden könnte. So haben wir eine Zeit lang geübt, aber es klappte nicht.«

»Lange habe ich auf den **richtigen Zeitpunkt** *gewartet.«*

Als der 40. Geburtstag näher rückte, wurde Melanie klar, dass sie kein Kind mehr wollte. Seither verhütet sie wieder: »Meine Mutter war 22 Jahre, als sie mich bekam. Wenn ich mir vorstelle, jetzt noch ein Kind zu bekommen, ich wäre doppelt so alt, wie meine Mutter damals war! Da wäre ich ja die Großmutter. Das stelle ich mir nicht schön vor.« Die zentrale Rolle in ihrem Leben spielt Melanies Mann Peter. »Für mich war das ganz neu, denn ich kannte es nicht von meinen Eltern, dass ein Paar so vertraut und aufeinander bezogen leben kann. Peter umsorgt mich, und ich umsorge ihn. Er ist sehr aufmerksam und unsere gemeinsame Zeit ist uns sehr wichtig: Gespräche, gemeinsame Unternehmungen, Wanderurlaube, weite Reisen. Ein Kind würde da schlecht passen.«

Anna: Da ist jetzt eine große Freiheit für mich

Wenn Anna, 54 Jahre, morgens die Augen aufschlägt, fällt ihr Blick auf eine Ikone, die neben ihrem Bett an der Wand hängt. Nichts Kostbares, keine Antiquität, sondern ein Touristenmitbringsel aus einem Andenkenladen auf einer griechischen Insel. Darauf zu sehen ist eine Mutter, die sich schützend und vertraut über ihre bereits erwachsene Tochter neigt: Dass es die heilige Anna ist und ihre Tochter Maria, die Gottesmutter, ist nicht so wichtig. Entscheidend ist die liebevolle Geste des Schutzes und der Geborgenheit. Das kleine Gemälde soll Anna jeden Morgen eine Erinnerung sein: an ihren Vorsatz, sich selbst liebevoll und freundlich zu begegnen, »mir selbst Mutter zu sein, weil ich Mütterlichkeit nicht in dem Maß erfahren habe, wie es mir gutgetan hätte«.

Wie wichtig Mütter doch sind! Wie sehr sie ihre Kinder prägen, im Guten wie im Schlechten, wie sehr sie sie begleiten, ihnen Selbstvertrauen und Urvertrauen geben – oder Misstrauen und Angst. Wie schwer das Päckchen zu tragen ist, das in einer missglückten Mutter-Kind-Beziehung geschnürt wird, davon erzählt Annas Leben. Aber auch davon, wie man hinaustreten kann aus der Enge und Beschneidung, in die man hineingeboren wurde.

Über Annas Leben steht ein großes »Trotzdem!«. Trotzdem überlebt haben, trotzdem den eigenen Wert spüren zu können, trotzdem glücklich zu sein, vielleicht auf eine stille, verhaltene Weise einen Frieden zu spüren, den nur der schätzen kann, der weiß, was Krieg bedeutet.

Auch wenn Annas Mutter nie fachmännisch diagnostiziert wurde, liegt es auf der Hand, dass sie psychisch krank war, wohl tief traumatisiert durch die Vertreibung aus ihrer ostpreußischen Heimat nach dem Zweiten Weltkrieg. Erst in den letzten Jahren begann die Psychologie darauf aufmerksam zu werden, welche Verwüstungen der Krieg und seine Folgen in den Seelen der Menschen, vor allem der Kinder, angerichtet haben. Bombennächte und Todesangst, die zerstörten Städte, der Verlust der Heimat, Hunger und Kälte auf der Flucht und massive Gewalt gegen die Flüchtlingstrecks hinterließen tiefe Verletzungen. Annas Mutter hat die Vertreibung nie verwunden.

»Heute versuche ich, **mir selbst** *mütterlich zu begegnen.«*

Vielleicht hätte sie Hilfe gebraucht, um zu bewältigen, was mit ihr geschehen war, Hilfe, die es in dieser Zeit nicht gab. In den späten 1940er- und frühen 1950er-Jahren ging es ums Aufbauen, darum, den Irrsinn hinter sich zu lassen: Nach vorne richtete sich der Blick, nicht zurück. Es wurde geheiratet, bald wurde Annas älterer Bruder geboren, 14 Jahre später Anna, das Nesthäkchen.

Was Annas Mutter dazu bewogen haben mag, Anna einzusperren und von allem fernzuhalten, was nicht die Schule betraf, was sie bewogen hat, Anna in einem Klima fortwährender Abwertung zu halten, das kindliche Selbstbewusstsein zu unterminieren, kaum, dass es sich regte, ihr nichts zuzutrauen, ihr nichts zu erlauben, sie nicht herauszulassen aus der engen Dreizimmerwohnung, abgesehen vom obligatorischen Sonntagnachmittagsmarsch durch den Wald – welche psychischen Mechanismen da abliefen, ist heute nicht mehr nachvollziehbar.

Ein Kind hat es unter solchen Einschränkungen sehr schwer, sich zu entwickeln. Es bleibt ihm nur die Strategie, dass es seine Gefühle verdrängt, um der Mutter keine Angriffsfläche zu liefern, dass es verstummt, wenn ihm Kränkungen entgegenfliegen, dass es sich angewöhnt, mit unbewegter Miene auszuhalten, was ihm widerfährt. Als der große Bruder mit 18 auszieht, blieb Anna allein zurück – in der Enge der Dreizimmerwohnung, mit einem zu häufig abwesenden Vater und einer kranken Frau, die es nicht schafft, Anna eine Mutter zu sein. Bücher und das kleine Radio in ihrem Zimmer sind Annas Verbindung zur Außenwelt. Später, als der große Bruder verheiratet ist, kommt seine Familie, in der es bald zwei Neffen gibt, als Fluchtpunkt hinzu.

Die Gefangenschaft endet mit dem Schulabschluss. Anna zieht aus, weg aus der elterlichen Wohnung, weg aus der Kleinstadt, zum Studium, um zu lernen, neuen Menschen zu begegnen, um Beziehungen einzugehen. Um sich zu verlieben und vielleicht einen Partner zu finden. Um frei zu sein. Auch frei zu sein von den Erfahrungen, die sie zu Hause gemacht hatte. Eigene Kinder? Vielleicht später einmal.

»Ich war sehr beschäftigt mit der Verarbeitung meiner Kindheitstraumata. Das war übermächtig. Ich wusste, bevor ich nicht einen gewissen Grad des Heilseins erreicht habe, will ich keine Kinder. Ich wollte das um keinen Preis weitergeben, was ich erlebt hatte, sondern es überwinden, soweit das überhaupt möglich ist.« Anna macht sich auf, um die Botschaft der Wertlosigkeit, des Nicht-Genügens zu überwinden, die eingeimpfte Botschaft: Das schaffst du nie!

»Ich wünschte mir ein klares
Ja, ich will dich.«

Immer wieder gibt es Männer in Annas Leben, Männer, in die sie sich verliebt, mit denen sie zusammen ist, denen sie vertrauen will. Aber wie soll man vertrauen, wenn man es nie gelernt hat? Wie soll man Nähe zulassen, wenn es keine gab? Wie soll man fühlen, wenn man sich das Fühlen abgewöhnt hat?

Einer war dabei, den liebte sie sehr, da blieb lange Zeit kein Platz für einen anderen, als die Beziehung zu Ende gegangen war. Ein anderer war dabei, mit dem wollte sie Kinder, die sah sie schon vor ihrem inneren Auge. Er nicht. »Ich wollte das Ja zu mir haben, um aus dem gemeinsamen Ja ein neues Leben entstehen zu lassen. Ich wollte einen Partner haben, der auch mit mir Kinder haben will. Erst wenn das stimmte, wollte ich ein Kind. Diese Schwelle habe ich in meinen Beziehungen nie überschritten. Einfach schwanger werden, es einfach geschehen lassen, das wollte ich nie. Darum ging es nicht.«

Annas Männerbeziehungen behalten eine seltsame Vorläufigkeit, eine vage Unverbindlichkeit, so sehr sie sich auch bemüht. Das, was sie sich wünscht, das »Ja, ich will dich« eines Menschen zu ihr, zu Anna, kommt nicht. Vielleicht sagen es ihre Freunde nicht oder vielleicht kann sie es nicht hören. Oder vielleicht sucht sie sich aus Angst vor einer Enttäuschung Männer, die dazu nicht in der Lage sind.

Immer wieder melden sich die alten Kindheitsmuster. Christliche Meditationen werden ihr zur Therapie ihrer verletzten Seele: Einige Jahre hindurch sogar zweimal im Jahr Tage im Schweigen, geistliche Begleitung und die Konfrontation mit der Vergangenheit durch ausgewählte Bibelstellen, die ihr in ihrer symbolischen Kraft erlaubten, jene Gefühle freizulegen, die sich das Kind Anna der Mutter gegenüber verboten hatte. Und über Wut, Hass und Stolz, Trauer, Verletzlichkeit und Ohnmacht hinauszugehen.

Die Wunden beginnen zu heilen, gelebte Spiritualität entsteht. Kraftorte werden wichtig, Kirchen und Klöster, aber auch Plätze in der Natur. Meditation, Gebet und die Kreativität des Schreibens. Gegen die Enge der Kindheit helfen Reisen nach Indien, nach Brasilien, nach Amerika.

Die Jahre vergingen. Ab und zu hörte Anna das Ticken der biologischen Uhr, die langsam ablief. Die verbleibende Zeit, die noch die Chance barg, den richtigen Partner zu finden, eine Familie zu gründen, Kinder zu haben, wurde immer kürzer. Irgendwann war sie vorbei. In dieser Phase gab es viel Traurigkeit, gab es das Gefühl der Einsamkeit, gab es Tränen im Abschiednehmen von einem Traum.

Auf einer Lateinamerikareise sprach sie mit einem Mädchen, das zur Urbevölkerung gehörte. Es erzählte, dass es heiraten werde. Wo ist dein Mann?, fragte Anna. Das Mädchen antwortete: God will bring him. Gott wird ihn mir bringen.

Gott wird ihn mir bringen. In der Einfachheit dieses Satzes liegt viel Hingabe. Loslassen können, das Leben und die Wünsche in die Hände eines Größeren, eines Mächtigeren legen, abgeben: Das Gottvertrauen des Mädchens berührte Anna. »Wenn ich daran denke, dann merke ich, dass sich bei mir viel verändert hat. Heute kann ich auch sagen: Gott wird ihn mir bringen.« Wenn er jetzt käme, ginge es nur um ihn, nicht mehr darum, Kinder zu haben. »Heute weiß ich: Ich brauche keinen Partner – aber ich kann mir einen gönnen. Es kann einer kommen – aber ich muss nicht verzweifelt suchen. Das ist alles vorbei. Es kann eine Beziehung entstehen, die ich leben will. Aber ich muss keine Beziehung haben. Da ist jetzt eine sehr viel größere Freiheit für mich. Das ist wunderbar.«

Die Geborgenheit, die in ihrer Kindheit so fehlte, hat Anna im Lauf der Jahre in einer größeren Dimension gefunden – in Gottes Präsenz in ihrem Leben. Das Vertrauen ist tief und es wächst weiter: »Ich sehe in meinem Leben, dass die Dinge, die ich ernsthaft als Wunsch gegen den Himmel schreie, mir entgegenkommen. Wenn ich ernsthaft sage, ich will mit einem Partner leben, dann wird der auch kommen. Und zwar ein Partner, wie ich ihn mir wünsche, wie er gut für mich wäre, der mich fördert und nährt.

Ich weiß nicht, wie ernsthaft ich den Wunsch früher geäußert habe. Ob nicht bei allem äußeren Wünschen vor allem die Abgrenzung da war: zu sagen, ich will die Nähe nicht, ich habe nicht das Vertrauen. Ich habe die Befürchtung, dass ich zu viel von dem weitergäbe, was über mir ausgekippt wurde. Ich bin nicht umsonst kinderlos und ehelos. Vielleicht ist es gut so, dass die Linie bei mir aufhört. Meine Rolle ist eine andere, ein Außenposten in der

Familie meines Bruders, eine Außenansprechpartnerin für meine Neffen.«

Nach der Trennung von ihrem letzten Freund fiel sie in die Tiefe der depressiven Stimmungen. »Der tiefste Punkt war erreicht, als ich einen Unfall hatte, buchstäblich gefallen bin, der Länge nach mit dem Gesicht auf die Straßenbahngleise.« Aufschürfungen, Blutergüsse, Prellungen überall. »Da plötzlich habe ich mich gehalten gefühlt. So als musste ich wirklich bis zum tiefsten Punkt kommen, um zu spüren: Jetzt ist es gut – da gibt es Halt.« Sie spürte: »Tiefer als bis in den tiefsten Grund kann ich nicht fallen. Auch wenn ich in alle Dunkelheit gefallen bin, dann bin ich immer noch in einer bergenden schützenden Hand, in Gottes Hand.«

»Im tiefsten Abgrund habe ich mich plötzlich gehalten gefühlt.«

Wichtiger als die Partnerfrage ist für sie heute, wie sie ihr Leben gestalten kann: »Keine Kinder zu haben bedeutet auch, keine Verpflichtungen zu haben, keine unaufkündbaren Beziehungen. Das heißt, man muss sich überlegen, was man mit seinem Leben anfängt. Man kann alles machen, aber auch alles bleiben lassen. Das ist eine große Freiheit, aber die Kehrseite kann auch heißen: Es ist alles beliebig.«

In diesem Spannungsbogen ist es Annas Vorsatz, bewusst zu leben: »Was ich tun muss, will ich gerne tun. Ich könnte mir zum Beispiel nicht vorstellen, irgendeinen Job zu machen, einfach um Geld zu verdienen. Es war immer klar: Ich will meinen Begabungen und Leidenschaften nachgehen.«

Dazu braucht es Achtsamkeit mit sich selbst, es braucht die Übung, gut auf die eigenen Gefühle zu achten, auch wenn sie sich manchmal nur zaghaft melden. Sie nicht übergehen und nicht verdrängen, anders als damals, als dem Kind nichts anderes übrig blieb, sondern »bei sich selber sein und wahrnehmen, was ist. Wenn es gelingt, macht das glücklich. Es ist ein Ausschöpfen des Lebens: mit den Gaben, welcher Art sie auch sind, zu leben, aufmerksam zu spüren, wo man hin will, soll, kann«.

Spurensuche: Wer ist meine Mutter?

Keine Familie gleicht der anderen aufs Haar. Ganz unterschiedlich wird gelebt, gearbeitet, gelernt und ausgeruht, gespielt, gestritten, geschwiegen und gefeiert. Jede Familie hat dabei ihre eigenen Farben der Liebe und Zusammengehörigkeit. Nuancen, Muster und Schattierungen sind aber für Kinder erst mit etwas Abstand erkennbar – dann, wenn sie, etwa in der Liebe, anderen Menschen begegnen, deren »Familiendesign« aus der Nähe kennenlernen und aus der Verschiedenheit einen Blick für das erwerben, was ihnen selbst aus ihrer Herkunft zu eigen ist.

In manchen Lebensphasen, zum Beispiel in der Pubertät, steht die Auseinandersetzung mit den Eltern sehr im Vordergrund. Aber auch um die Lebensmitte, wenn eine erste Bilanz gezogen wird, rücken die Eltern noch einmal in den Blick, egal ob sie noch leben oder schon verstorben sind. Die Beschäftigung mit den Wurzeln gibt den eigenen Besonderheiten Klarheit und Kontur.

Das gilt für viele Lebensfragen, aber auch und ganz besonders für das Thema Elternschaft und Kinderlosigkeit.

Wenn Frauen Kinder bekommen und den Rollenwechsel von der Tochter zur Mutter vollziehen, werden sie mit ihren Kindheitserfahrungen konfrontiert und müssen für sich klären, was davon sie an die eigenen Kinder weitergeben wollen. Für Frauen, die ungewollt ohne Kinder bleiben, steht das Thema Mütterlichkeit in anderer Weise auf der psychologischen Agenda – als biologisch ungelebtes Leben, als die Herausforderung, mit einem zerstobenen Traum klarzukommen. Wie wichtig die Erfahrungen in der Herkunftsfamilie sind, zeigen auch Studien mit gewollt kinderlosen Frauen und Männern: Sie treffen ihre Entscheidung »in einer starken Abhängigkeit von ihren familiären Erfahrungen«, so schreibt die Psychologin Christine Carl, die zu diesem Thema forschte. »Eine enge Beziehung zum Vater oder eine hohe Identifikation mit der Mutter, die unerträglich würde, wenn die Frau selbst Kinder bekäme, können zur Entscheidungsfindung beitragen. Einige überlieferte Leitsätze seitens der Eltern, wie ›Führe ein anderes Leben als ich‹, oder ›Sei möglichst kreativ und individuell‹ werden von den Befragten befolgt. (...) Die Wiederholung negativer Erfahrungen wird von ihnen vermieden, indem sie sich nicht in die Situation begeben, die die Gefahr einer solchen Wiederholung in sich birgt.« (Carl 2002, S. 80)

Wer ist meine Mutter? Was hat sie mich gelehrt? Wer sich die Frage offen stellt, dem wird es nicht darum gehen, die Mutter (oder den Vater) mit Vorwürfen zu überschütten oder aber blind zu idealisieren, sondern sie – und damit auch sich selbst – zu erkennen. »Keine Mutter (...) ist vollkommen und keine Kindheit ist perfekt. Ist eine ideale Jugend ohne eine Frustration, ohne eine Verletzung denkbar? Wie sollte man denn sonst heranwachsen, sich der Außen-

welt stellen, Grenzen erfahren und seine Kräfte erproben?«
(Filliozat 2004, S. 37)

Unsere Eltern haben vieles dazu beigetragen, dass wir
sind, wie wir sind. Auch wenn sie ihre Aufgabe unzurei-
chend oder sogar schlecht erfüllt haben, selbst wenn es Ereignisse in unserer Kindheit gab, die wir nicht verzeihen
können oder wollen: Ohne sie wären wir nicht diejenigen,
die wir sind. Wir haben von ihnen das Geschenk des Lebens erhalten, ohne sie gäbe es uns nicht.

Wer also ist diese Frau, die meine Mutter war? Eine
Hilfe, das herauszufinden, kann eine Psychotherapie (siehe
S. 123) bieten oder auch die Beschäftigung mit den Müt-
terfiguren in Märchen, Mythen oder der Bibel. Viele Fragen kann man sich auch selbst stellen – und vielleicht mit
Hilfe einer guten Freundin, einer Schwester, eines Bruders
zu beantworten versuchen. Im Laufe des persönlichen Rei-
feprozesses werden sich die Antworten immer mal wieder
verändern und weiterentwickeln und neue Blickwinkel
werden dazukommen.

Das Erbe der Kindheit

- Interessant wird es immer dann, wenn Gefühle ins Spiel
  kommen: Egal ob im realen Zusammentreffen mit der
  Mutter, in bewegenden Szenen in Mythologien oder in
  Alltagsbeobachtungen von Müttern mit ihren Kindern:
  Was uns berührt, hat mit uns selbst zu tun und bietet die
  Chance, etwas über uns selbst dazuzulernen.
- Welche Sätze tauchten in der Kindheit immer wieder
  auf? »Sei brav und fleißig!«, »Sei intelligent!«, »Sei anders
  als die anderen!«, »Sei mutig!«, »Sei selbstständig!« Wel-

che Aufträge der Mutter an ihr Kind steckten dahinter? Welche erfüllen wir auch heute noch? Welche nützen uns heute noch? Welche stehen uns im Weg? Wie geht es uns heute damit?

- Wie zeigte die Mutter ihre Liebe? Was fand sie besonders gut an uns? Kümmerte sie sich um uns, wenn wir krank waren oder traurig? Tröstete sie? Zeigte sie sich fürsorglich und einfühlsam?
- Wie ging die Mutter mit Konflikten um? Was machte sie »böse« und wie reagierte sie auf ein ungezogenes Kind? Manche Mütter verfallen in ein bedrohliches, unheimliches Schweigen, andere schimpfen und beschimpfen ihr Kind. Manche werden unangemessen wütend, aufbrausend und laut. Andere leise und traurig. Einige kehren innerfamiliäre Konflikte unter den Teppich, weil ihnen Harmonie sehr wichtig ist. Wie ging es uns als Kind dabei?

Das mütterliche Prinzip der Fruchtbarkeit

Für manche Frau ist es nicht so sehr die reale Mutter, die im Vordergrund steht, sondern das ewig während mütterliche Prinzip der Fruchtbarkeit. Ihnen macht der Gedanke zu schaffen, dass mit ihnen die Lebenskette abreißt, die im Dunkel der Vorzeit begann und bis zu ihnen führte. Eine lange Reihe von Frauen gab es da, Frauen, die Kinder bekamen, die wieder Kinder bekamen, die Kinder bekamen … bis jetzt. Das letzte Glied zu sein, keine Frucht zu tragen fühlt sich bitter an und kann Gefühle der Sinnlosigkeit hervorbringen.

Lydia: Den tiefsten Sinn kann ich mir selbst nicht geben

Die Dominikanerin Sr. Lydia ist eine Frau mit vielen Gaben: intelligent und warmherzig, einfühlsam, mutig und Mut machend. Eine, der man sofort vertraut, eine, die mit leiser Stimme spricht und trotzdem gehört wird. Eine, die authentisch zu ihren eigenen Gefühlen und Erfahrungen steht und die der anderen aushalten und annehmen kann, weil sie sie als Geschenk des Menschseins versteht. »Die Gnade baut auf der Natur auf. Wenn ich die Natur nicht ernst nehme, hat das schlimme Folgen.«

Natur, das heißt für die Ordensfrau, Biologin und Theologin auch: Kinder bekommen. Und da gibt es eine Lücke in ihrem Leben, einen Mangel. Immer wieder spricht sie diesen Gedanken aus: dass es da etwas gibt, das fehlt, das ihr abgeht. »Da ist etwas, das ich nicht habe. Ich nehme das sehr ernst.« Sie sagt das mit der Klarheit der Naturwissenschaftlerin, einer Klarheit, an der es nichts zu deuten gibt, nichts schönzureden oder zu überdecken. Keine Kinder zu haben, das ist ein Mangel, das ist die Lücke, eine Tatsache im Leben der Ordensfrau.

Sr. Lydia ist 63 Jahre. Vor fast 40 Jahren ist sie den Dominikanerinnen beigetreten, vor über 30 Jahren legte sie die ewigen Gelübde ab: Gehorsam, Armut, Ehelosigkeit. Armut ist für sie kein großes Problem, sie stammt aus einer einfachen Familie. »Heute habe ich mehr Güter als manche meiner Geschwister und als viele andere Menschen auf der Welt.« Der Gehorsam, der auch im Kleinsten verlangt wurde, war schon schwieriger, da wehrten sich die Intelligenz und ein eigenständiger Verstand. Über das dritte Gelübde, die Ehelosigkeit, wurde viel mit den Novizinnen gesprochen. Sie wurden vorbereitet auf den Verzicht auf die Ehe, auf einen Lebenspartner an der Seite, auf Sexualität. Eine Herausforderung. Lydia hatte vor dem Noviziat einen Freund – sie wusste, worauf zu verzichten sie versprechen würde.

Was ihr damals nicht bewusst war, weil sie es als junge Frau mit dem Lebensgefühl der Jungen, dass die Welt und alle Wege offenstehen, nicht überblicken konnte, das war die Lücke, der Mangel: dass Ehelosigkeit folgerichtig auch Kinderlosigkeit bedeutete und dass der bewusste Verzicht auf Kinder ein Thema werden könnte, das sie schlimm belasten würde. Um abzusehen und vorauszuahnen, welche tiefen seelischen Schichten davon berührt würden, dazu war sie zu jung. Thematisiert wurde es vor dem Eintritt in den Orden nicht.

»Ich verstehe keine Frau, die sich bewusst gegen Kinder entscheidet«, sagt sie heute. Ob sie ihre Entscheidung bereut? Ein langes Zögern. »Ganz unterm Strich: nein. Aber ohne die religiöse Dimension hätte ich niemals eine gewollte Kinderlosigkeit für mich akzeptieren können.« Ihre Alternative zum Eintritt ins Kloster wäre eine große Familie gewesen, so eine wie die, aus der sie stammt. Mit nicht nur einem oder zwei Kindern, sondern vielen. Sie wusste: Wenn sie sich dafür entscheidet, fürs Muttersein, fürs Kinderkriegen, dann wird es keine

»Es gibt *Erfahrungen*, die mir einfach fehlen.«

Zeit und zu wenig Raum geben, um sich für die Kirche zu engagieren. Entweder – oder. Das war ihr klar.

»Die Jahre zwischen 35 und 40, das war eine schlimme Zeit.« Es war die Zeit, in der in ihrer Familie und ihrem Freundeskreis die nächste Generation ins Leben trat: Ihre Geschwister bekamen Kinder, Nichten und Neffen wurden geboren, Freundinnen wurden schwanger. Eine Zeit auch, in der es für sie beglückende, berührende Begegnungen gab, bei denen sich das Gefühl regen konnte: »Mit diesem Menschen möchte ich ein Kind.« Und doch stand neben der Sehnsucht das klare Wissen, dass das nicht ging, dass ihr Weg ein anderer sein würde.

Muttersein, das erscheint ihr, der Biologin und Theologin, als etwas ganz Elementares, allein schon wegen des instinktiven Aspekts der Arterhaltung durch die Weitergabe der eigenen Gene, der eigenen Talente. »Ich habe Zeit gebraucht, um zu merken: Es gibt Wertvolles in mir. Daran möchte ich andere auch teilhaben lassen und meine Begabungen weitergeben. Und am schönsten wäre es gewesen, wenn ich es an ein eigenes Kind hätte weitergeben können.« Der Gedanke, dass auch die Kinder ihrer Geschwister ihre Erbanlagen tragen, ist der Biologin manchmal auf leise Art tröstlich.

Aber so lässt sich die Lücke nicht füllen. »Es gibt Gefühlsanteile, die mir fehlen.« Die Körpererfahrung der Schwangerschaft. Das Gebären, das Stillen. Die innige Berührung und Erleben der Nähe durch ein Kind im Bauch, an der Brust, auf dem Schoß. Die Verwandlung, die sie an manchen Schwangeren oder Müttern beobachtet: das Weiche, Zufriedene, Glückliche, das aufscheinen kann und andere Akzente setzen lässt. Der ungeheure Entwicklungsimpuls durch das Mutterwerden. Die Gnade, die auf der Natur aufbaut.

»Es war wichtig für mich, das aufzuarbeiten: Ich habe bewusst geschaut, wie ich die Gefühle, die mir fehlen, die ich aber in meinem Leben haben möchte, leben kann. Also bin ich bewusst zärtlich mit meinen Neffen und Nichten umgegangen, habe mir Zeit genommen zum Vorlesen, Musizieren und Zusammensein.« Wenn sie, die Jungen, dann ab und zu sagen, wie schön und wichtig ihnen die Zeit mit der Tante war und ist, »dann ist ein Stück von dem, was Mangel war, aufgehoben«.

Trotzdem: »Der Stachel der Kinderlosigkeit bleibt«, sagt sie. »Ich leide jetzt nicht mehr darunter. Aber ich möchte den Stachel auch spüren, weil ich glaube, dass ich mich dann umso mehr bemühe, dass daraus keine Verbitterung wird. Und dann gönne ich mir bewusst etwas: ein Gespräch, einen Tag mit den Kindern.« Dem Stachel aus dem Weg gehen, die Lücke ignorieren, den Mangel, der durch den Verzicht entstand,

»Ich will den Schmerz **spüren,** *damit keine Verbitterung bleibt.«*

vorschnell religiös überhöhen – das ist nicht der Weg von Schwester Lydia. »Das will ich nicht. Irgendwo kommt diese schmerzhafte Energie wieder zum Vorschein – und sei es durch eine Krankheit.«

Auch im Kontakt mit Erwachsenen, etwa in der geistlichen Begleitung, versucht sie bewusst, die mütterliche Dimension zuzulassen: Trost spenden, sich Zeit nehmen, sich einfühlen, solidarisch sein. Sich ein Stück weit verschenken und doch bei sich bleiben. »Ich glaube, dass ich zum Beispiel für Frauen, die ungewollt kinderlos sind, hilfreich sein kann. Durch selbst durchlebtes Leid kann man mit-leiden, das ist der Sinn des Wortes sym–pathisch. Vielleicht hilft es mir, in diesem Sinn sympathisch für andere zu sein.«

71

Zuhören, sich einfühlen, annehmen – wird da aus dem Mangel ein Reichtum, entsteht hier Sinn? »Den tiefsten Sinn kann ich mir nicht selbst geben, ich glaube, das ist ein Irrtum unserer Zeit. Menschen können ihn mir schenken. Gott kann ihn mir schenken.« Dort, in der Dimension des Glaubens gibt es keinen Mangel mehr, keine Lücke. »Das hat etwas mit dem Wissen zu tun, von göttlichen Mächten getragen, in göttlicher Zuwendung geborgen zu sein, mit dem Vertrauen, dass es gut ist. Ich weiß, dass dort mein letzter Wert liegt und auch der Sinn unseres Seins.«

IMPULS
Der Stachel

Im Moment spüre ich wieder
den Stachel:
Ich habe kein Kind.
Ich werde nie eines haben.
Es tut immer noch weh.

Einen Moment lang will ich ihn spüren, den Stachel,
den Stich in meinem Herzen.
Ich will ihn bei mir sein lassen, ihn nicht verdecken.
Ich will ihn begrüßen wie einen alten Bekannten:
Guten Tag, Stachel, da bist du ja wieder.
Ich erkenne dich.
Ich weiß, wie du aussiehst.

Einen Moment lang will ich dich fragen,
was du von mir willst und was du mit mir machst.

Machst du mich verschlossen?
Oder öffnest du mich für andere?
Soll ich mich um mich selbst kümmern?
Mir Zeit nehmen, für mich und für dich?
Oder mir Zeit nehmen für andere Menschen?

Du willst mich an etwas erinnern.
Woran?

Wohin
Gefühle tragen

»Was ist ein Gefühl? Man sollte vermuten, dass die Wissenschaft darauf längst eine Antwort gefunden hat, aber dem ist nicht so.« Dieser Satz des amerikanischen Philosophen Robert Solomon (2000, S. 109) mag eine Beruhigung für alle sein, die von ihren Empfindungen und Stimmungen hin und wieder bedrängt, in Schach gehalten oder sogar überwältigt werden. Der Umgang mit dem eigenen Innenleben ist nicht immer einfach.

Manche Gefühle sind hochwillkommen: Liebe, Interesse, Zuneigung, Leidenschaft, Freude sind Kostbarkeiten der Seele. Andere sind nur schwer zu ertragen und können den Alltag düster überschatten, wenn sie nicht aktiv verwandelt und integriert werden. Manche sind wie Straßenräuber. Sie lauern hinter einer Ecke, dort, wo man sie nicht erwartet, springen mit einem Satz hervor und ergreifen Besitz von der eben doch noch guten Stimmung. Ein Wort, ein Blick, ein Bild können genügen, um Kummer, Trauer, Wehmut, Wut, Angst, Hilflosigkeit oder Sehnsucht zu aktivieren. Empfindungen, die wohl niemand mag und die viel Unwohlsein erzeugen. Noch schlimmer sind Neid, Scham oder Eifersucht – Regungen, die gleich doppelt negativ

75

besetzt sind: Sie sind unangenehm und gleichzeitig peinlich und beschämend. Wer möchte schon zugeben, dass er neidisch ist auf andere, eifersüchtig oder sich schämt? Diese Gefühle werden häufig verdrängt.

Das ist schade, weil sie – wie alle Emotionen – eine wegweisende Funktion haben, wie schon die Wortwurzel verrät. Das lateinische Wort »ex« heißt »heraus«, »motio« kommt vom Verb »movere«, das »bewegen« bedeutet. Etwas tastet sich aus uns heraus, etwas kommt in Bewegung und wird damit eher sichtbar, als wenn es stillhält und regungslos im Inneren bleibt. Emotionen bringen uns in Kontakt mit dem Verborgenen in uns, mit Ungeheiltem, auch mit Verletzungen, die uns das Leben oder andere Menschen zugefügt haben. Sie zeigen uns, wo es Grund gibt, wo wir berührbar und empfindlich sind und welchen Bereichen wir unsere liebevolle Aufmerksamkeit widmen sollten.

Gefühle bringen uns in Kontakt **mit dem Verborgenen** *in uns.*

Gefühle kommen in Wellen. Wenn wir den Mut haben, sie zuzulassen, schwellen sie an, erreichen ihren Gipfel und verebben wieder – so wie sich selbst die größten Wogen bald am Strand brechen. Ihr schäumender, brausender Gipfel ist vielleicht gewaltig und beängstigend. Doch wenn wir uns, nur kurz, von seinem Schwung davontragen lassen wie ein Wellenreiter, kann uns das ein tiefes Gefühl von innerem Frieden schenken, das uns sagt: Ja, es ist richtig, dass wir uns hingeben. Wir sind im Einklang mit uns selbst. Stemmen wir uns aber dagegen, verbrauchen wir viel Kraft und laufen Gefahr, dass sich die Energie der emotionalen Woge wie strömendes Wasser an einem Hindernis andere Wege sucht und an unvermuteter Stelle wieder zum Vorschein kommt: maskiert als Ungeduld und Freudlosigkeit, als depressive Stimmung, als Gefühlsarmut, manchmal auch als Krankheit.

Darum ist es so wichtig, Gefühle wahrzunehmen, sie ganz zu fühlen und sie zu benennen. Auf diese Weise können sie zu Handlungsaufträgen werden, um etwas zu verändern und sich nach neuen Wegen umzusehen. Auf diese Weise bergen sie Chancen für Verwandlung und Heilung.

Eine Entscheidung fürs Leben

Am Anfang jeder bewussten Veränderung steht eine große Freiheit. Die Freiheit des autonomen Menschen, sich zu entscheiden, egal, worum es geht – das Rauchen aufzugeben, den Arbeitsplatz zu wechseln, zu heiraten oder sich gesünder zu ernähren. Immer sind Veränderungen mit Mühe verbunden: Der Nikotinentzug kann quälend sein, die Lust auf Schokolade groß. Die Suche nach einem neuen Job bedeutet viel Aufwand und selbst eine Hochzeit ist mit wochenlangen Vorbereitungen verbunden, und oft auch mit Angst vor dem großen Schritt. Wenn wir uns aber bewusst entschieden haben, dann nehmen wir die Mühen in Kauf, ja machen sie oft sogar gern. Wir wissen: Wir haben als freie Menschen, im Bewusstsein unserer Verantwortung für uns selbst, den Beschluss gefasst, unser Leben zu verändern.

Dass es diese Freiheit auch bei psychischen Vorgängen gibt, ist vielen nicht bewusst. Wer jedoch mit Menschen spricht, die Schicksalsschläge erlitten haben und durch belastende Lebensphasen gegangen sind, hört sehr oft von dieser einen Wegmarke, an der ihnen klar wurde, dass sie frei sind, sich zu entscheiden.

Zum Beispiel *Anna,* die eine sehr schwierige Kindheit und Jugend mit ihrer psychisch kranken Mutter verbrachte und viele seelische Narben davontrug. Sie erinnert sich: »Ich saß mit einer Freundin in einem Café und plötzlich war in großer Klarheit der Satz da: entweder meine Mutter oder ich. Nur für eine von uns kann ich sorgen, nur für eine von uns Verständnis haben. Die andere bleibt auf der Strecke. Ich habe mich für mich entschieden.« Für Anna war das eine Entscheidung, sich auf sich selbst zu konzentrieren, um die Erlebnisse der Kindheit zu bewältigen und – soweit das möglich ist – auch zu überwinden, um weiterleben zu können.

Ich selbst habe diese Erfahrung auch gemacht: Einige Wochen, nachdem meine Tochter todkrank auf der Intensivstation eines Münchner Krankenhauses eingeliefert worden war, wurde die schreckliche Wahrheit immer deutlicher: Die Ärzte konnten ihr nicht helfen, ihre Gesundheit war zerstört, der Krankheitsverlauf nicht beherrschbar. Was mir damals durch den Kopf ging, ist nicht zu beschreiben. Trauer, Wut, Angst, Ohnmacht, Hilflosigkeit – in jedem Moment ein anderes überwältigendes Gefühl, das mich fast erdrückte und mir in Anfällen von Atemnot buchstäblich die Luft nahm. Eine meiner Ängste war, dass die Krankheit und ihre Auswirkungen uns alle zerstören würden, auch meine kleinere Tochter, die damals gerade dreieinhalb war und sehr verstört auf die Katastrophe reagierte. Ich weiß noch, dass ich eines Nachts von der Klinik durchs dunkle München nach Hause fuhr – und plötzlich war der Satz in mir: Ich werde es nicht zulassen, dass wir alle daran zerbrechen! Ich werde einen Weg finden, der es uns erlaubt, ein Leben zu führen, das sich nicht ganz unter dem Schatten der Erkrankung verdunkelt. Ich weiß nicht, woher dieser Satz kam, dieses Versprechen an mich selbst, aber er war für mich in den folgenden Jahren wie die Signallampe eines Leuchtturms, wenn es mal wieder ganz düster wurde und meine Gefühle mich überschwemmten. Er hat dazu geführt, dass ich für mich und meine Töchter all die Hilfe, Unterstützung und Begleitung holte, die wir brauchten.

Es gibt unendlich traurige Schicksale, Ereignisse, die kaum zu akzeptieren sind und ein Meer der Verzweiflung und des Leides mit sich bringen, in dem Betroffene versinken. Manche schaffen es nicht, über Wasser zu bleiben, und ertrinken in der Flut. Andere begreifen rechtzeitig, dass auch in der tiefsten Trauer eine große Freiheit steckt: die Freiheit, mich zu entscheiden, wie ich mit den Tatsachen leben lerne, mit Tatsachen, die ich nicht verändern kann, auch wenn ich mir nichts mehr wünsche. Wie ich den Kopf über Wasser halte, wie ich schwimmen lerne, in der Hoffnung, irgendwann, irgendwo Land zu entdecken. Es kann guttun, diese Entscheidung, die eine Entscheidung für mich, für mein Glück, für meine Zukunft ist, vor mir selbst auszusprechen. Ein Vorschlag:

IMPULS
Ich entscheide mich

Ich werde nie ein leibliches
Kind haben.
Ich kann nichts daran ändern,
das liegt nicht in meiner Macht.
Ich kann mich nur entscheiden,
wie ich mit meiner Trauer darüber umgehen will.

Ich entscheide mich:
Ich will meinen Körper annehmen,
der kein Kind empfangen oder ausgetragen hat.
Ich will dieses Leben annehmen,
weil es mein Leben ist, auch ohne ein leibliches Kind.
Ich will mich selbst annehmen,
meine früheren Entscheidungen, meine Selbstvorwürfe,
die Fehler, die ich vielleicht gemacht habe.

Ich gebe mir selbst ein Versprechen:
Ich will mich bemühen, für mich einen Weg zu finden,
wie ich trotz meiner Trauer mein Leben
erfüllt gestalten kann.

Trauer

Das Wissen, kein Kind zu bekommen, obwohl es sehnsüchtig erwünscht ist, ist ein tiefer Einschnitt in die Lebensplanung. Es ist mehr als der Verlust eines Traumes, es stellt das gesamte biografische Konzept auf den Kopf. Wenn zu den Vorstellungen über die eigene Zukunft Kinder wie selbstverständlich gehört haben, dann löst die Kinderlosigkeit eine Identitätskrise aus, in der alle Orientierung verschwindet und alle Lebensplanung zerbricht.

Ines: Nichts in meinem Leben hat mich so geschmerzt wie meine Kinderlosigkeit

Ines ist 44. Vor zwei Jahren hat sie ihre Kinderwunschbehandlung endgültig abgebrochen. Sie hat 11 Jahre lang alles versucht, um ein Kind zu bekommen. Hat sich in vier Kinderwunschpraxen behandeln lassen. Hat unzählige Hormontabletten geschluckt, die die Eizellreifung in den Eierstöcken stimulieren sollten. Die Medikamente verursachten bei ihr regelmäßig Hitzewallungen und Kopfschmerzen. Zweimal war die Wirkung zu stark und sie musste ins Krankenhaus. Ihre Eierstöcke waren auf knapp elf Zentimeter angeschwollen und sie litt unter Atemnot, Wasseransammlungen im Bauch, Übelkeit. Eine solche Überstimulation ist unter Umständen lebensgefährlich, weil sie zu Blutgerinnseln führen kann – bis hin zu Herzinfarkt, Schlaganfall oder Lungenembolie. Außerdem stehen die Medikamente im Verdacht, das Risiko für Krebserkrankungen an den Eierstöcken zu erhöhen. Trotzdem nahm sie sie weiter.

Einmal entstanden siebzehn reife Eizellen, die entnommen wurden. Sieben davon wurden im Labor befruchtet und eingefroren: »Kryos« nennen Kinderwunschpatientinnen diese Zellen, in denen die Hoffnung auf ein Baby wohnt. Sie werden in flüssigem Stickstoff gelagert und bleiben über lange Zeit lebensfähig. Kryokonservierung wird eingesetzt, um den betroffenen Frauen weitere hormonelle Stimulationen zu ersparen.

Sechs Mal ließ Ines eine ICSI machen, eine intrazytoplasmatische Spermieninjektion, bei der mit einer feinen Pipette ein Spermium unter dem Mikroskop direkt in die Eizelle gespritzt wird. »Ich wollte unbedingt Erfolg haben. Ich habe mir so sehr ein Kind gewünscht. Alle Nebenwirkungen, die ich hatte, die Klinikaufenthalte, all das war für mich einfach der Preis. Wenn ich durchhalte, dachte ich, dann wird es klappen.«

Ihr gesamtes Leben drehte sich um den Kinderwunsch. Sex nach Plan und Kalendertag. Ständig Untersuchungen, Ultraschall, Punktionen, Medikamente. Verzweifelte Hoffnung vor einem neuen Therapieversuch, hoffnungslose Verzweiflung, wenn die Periode einsetzte. Einmal war sie so nahe dran, am Traum vom eigenen Kind: schwanger! »Ich fuhr direkt vom Arzt in ein Babygeschäft und schaute mir Kinderwägen an. Ich war so glücklich, alles in mir vibrierte vor Freude: Ich bin schwanger, ich bin schwanger! Ich war so stolz, dass ich endlich dazugehörte.«

»Alles drehte sich um die

Sehnsucht

nach einem Kind.«

In der neunten Woche bekam sie Blutungen: eine Fehlgeburt. Noch zwei weitere Schwangerschaften verliefen glücklos, Abgänge wieder in der neunten und in

82

der elften Woche. Dreimal musste sie zur Ausschabung ins Krankenhaus.

»Je länger es dauerte, umso mehr biss ich mich fest.« Sie wechselte dreimal die Kinderwunschpraxis, immer wieder fand sie einen Arzt, der ihr Mut machte, statt ihr auch von den vielen Frauen zu erzählen, bei denen die Behandlung scheitert. »Das kam kaum vor, vielleicht glaubten die Ärzte noch mehr als ich, dass alles machbar ist.« Zweimal erlebte sie, wie die behandelnden Mediziner jedes Interesse an ihr verloren, als sich der Erfolg nicht einstellte. »Das hat mich sehr getroffen. Erst waren sie so zuversichtlich und dann kam ich mir vor wie eine Versagerin, die ihre Erfolgsstatistik kaputt machte. Für mich fühlte sich das an wie Verrat. Sie ließen mich im Stich.« Ein Verrat, der ihren Trotz weckte. Dreimal suchte sie eine neue Praxis, die letzte war über 400 Kilometer vom Wohnort in der Schwäbischen Alb entfernt.

Wie Ines unterziehen sich in Deutschland rund 40.000 Frauen pro Jahr einer medizinischen Kinderwunschbehandlung. Zwar werden viele schwanger, jedoch liegt die Wahrscheinlichkeit, tatsächlich ein Baby mit nach Hause zu nehmen, pro Behandlungsversuch nur zwischen 14 und 16 Prozent. Die Rate der Fehlgeburten ist hoch und viele Betroffene müssen nach den Therapiezyklen akzeptieren, dass sie nie ein eigenes Kind haben werden. »Ich dachte, die Erfolgsaussichten sind viel höher«, erzählt Ines. »Ich habe geglaubt, die Medizin kann das heute ganz einfach.«

Für Ines haben die Jahre, in denen sie um ein Baby kämpfte, heute etwas Unwirkliches, so, als sei sie damals aus dem Leben in einen Ausnahmezustand gestürzt, der sich nicht mit dem Alltag vereinbaren ließ. Wie ein Rausch war die Sehnsucht nach einem Kind in ihr, die Sehnsucht nach

Zärtlichkeit und Unbeschwertheit, die Sehnsucht dazuzu-
gehören, zur Gruppe der Mütter, Erfahrungen zu teilen,
mitreden zu können.

Der Anblick von Kindern erinnerte sie ständig an das,
was sie so schmerzlich entbehrte. »Alle um uns herum bekamen Kinder, meine Geschwister, meine Freundinnen.
Überall waren erst Babys, dann größere Kinder, dann kamen die zweiten, zum Teil die dritten, während ich immer
noch in der Planung feststeckte. Bei jedem Familienfest,
jeder Einladung zum Grillen, jedem Kaffeetrinken, bei den
Dorffesten sprangen überall Kinder in allen Größen herum.
Alle Gespräche drehten sich um sie. Und immer fragte einer: Na, wann ist es bei euch denn so weit? Ich habe das
gehasst.« Oft ging sie früher, saß nächtelang weinend in
einem der beiden leeren Zimmer in ihrem neu gebauten
Haus, die einst Kinderzimmer werden sollten.

Ines zog sich zurück. Sie schlug Einladungen immer
öfter aus, weil sie sich in ihrem Bekanntenkreis nicht mehr
wohlfühlte, der nur mehr aus glücklichen jungen Familien
zu bestehen schien. Fühlte sich isoliert auch unter ihren
Freundinnen. »Ich gehörte nicht
mehr dazu. Ich hatte nichts vor-
zuweisen. Und ich hatte, von den
Behandlungen abgesehen, keine
Gesprächsthemen mehr.« Als die
letzte kinderlose Freundin, die ihr geblieben war, schwanger wurde, hatte sie einen Nervenzusammenbruch. »Danach war ich allein. Da war niemand mehr, dem es so ging
wie mir.«

Alle können doch Kinder kriegen – dieser Gedanke
war in ihr, an ihm kam sie nicht vorbei. Er war wie eine
unüberwindbare Hürde auf ihrem Lebensweg, die es Ines

»Mein Leben schien völlig
stillzustehen.«

unmöglich machte, nach Alternativen zur Mutterschaft zu suchen. Sie wollte dieses Hindernis überschreiten, um jeden Preis. »Ich war wütend auf andere Frauen, die mit Leichtigkeit Kinder bekamen, ich war wütend auf meinen Körper, weil er mir nicht gab, was ich mir am sehnlichsten wünschte. Irgendwann konnte ich keine schwangeren Frauen, keine Mütter mit Kindern mehr sehen.«

Auch in ihrem Beruf als Buchhalterin kam sie nicht voran.»Ich wollte keine Fortbildungen machen – ich dachte, ich wäre ja bald schwanger.Wozu also? Ich wollte nicht die Stelle wechseln. Das hatte doch keinen Sinn, etwas Neues zu suchen, wenn ich ja sowieso bald aufhören würde. Außerdem fiel ich wegen der Behandlungen so oft aus.«

»Mein Leben stand still, so kommt es mir heute vor.« Die Starre, in die Ines geriet, in der sie wieder und wieder auf einen neuen Versuch hoffte und bei jedem Scheitern zu Boden gedrückt wurde, erschien ihr wie ein böser Traum. »Ich hatte immer das Gefühl, irgendwann ist das vorbei, irgendwann schaffen wir es. Es hätte ja auch so kommen können. Ich wollte es nicht wahrhaben, dass es anders war.«

Trauerphasen

Die Jahre der Behandlung wurden für Ines eine unendlich verlängerte erste Trauerphase in ihrem Abschied vom Wunsch nach einem eigenen Kind. Die Schweizer Psychologin Verena Kast hat in Anlehnung an die Sterbeforscherin Elisabeth Kübler-Ross ein theoretisches Modell der Trauerphasen aufgestellt, das für viele Autoren und Therapeuten wegweisend wurde. Ursprünglich aus den Erfahrungen von Sterbenden und ihrer Auseinandersetzung mit dem nahenden Tod gewonnen, zeigen sich unterschiedliche Trauerphasen aber bei jedem tief empfundenen Verlust: beim Tod eines geliebten Menschen, bei der Verarbeitung schwerer chronischer Erkrankungen, bei Trennungen oder wenn existenzielle Wünsche unerfüllt bleiben. Die Trauer führt nach Kast und Kübler-Ross durch eine Zeit des Schocks und Nicht-wahrhaben-Wollens in eine Phase der aufbrechenden heftigen Emotionen, in der es Traurigkeit und Tränen, Wut, Freude, Zorn und Angstgefühle gibt: ein Chaos sich teils widersprechender Empfindungen, eine Zeit der Orientierungslosigkeit. »Diese Phase (...) ist für die Trauernden schwer zu akzeptieren. Denn in unserer Gesellschaft ist Selbstbeherrschung ein Wert. Aber nur das Zulassen dieser Emotionen führt zur nächsten Trauerphase.« (Kast 1994)

Einen weiteren Schritt in der Bewältigung eines tiefen Verlusts nennt Kast »Suchen, Finden und sich Trennen«. Der oder die Trauernde spürt dem Verstorbenen nach, auf Fotos, an gemeinsam besuchten Orten, auch in Träumen und begreift dabei Stück für Stück, dass der Vermisste nur mehr ein innerer Begleiter ist, jemand, der einen Platz hat im eigenen Herzen. Schließlich kann in einer vierten Phase der Verlust akzeptiert werden und ein neuer Bezug zu sich selbst und der Welt entstehen. Trauernde kehren in die Welt zurück und können sich ihr wieder öffnen.

In den letzten Jahren wurde in der psychologischen Literatur vermehrt darauf hingewiesen, dass diese Trauerphasen nur ein Modell sind und nicht schematisch aufeinanderfolgen, sondern einander abwechseln können. Trauernde machen Schritte nach vorn und wieder zurück. Schmerzhafte, selbst chaotische Gefühle können noch lange bleiben oder durch verschiedene Erlebnisse reaktiviert werden, auch wenn längst eine Neuorientierung stattgefunden hat. Jeder einzelne Aspekt des Abschieds erfordert eigene Trauerphasen. Zum Beispiel kann es für eine Frau längst problemlos möglich sein, mit dem Wissen zu leben, dass in ihrem Haus nie eigene Kinder herumtollen werden, aber sie kann gleichzeitig ihrem körperlichen Unvermögen, schwanger zu werden, noch unversöhnt und verbittert gegenüberstehen. Verluste werden nicht als Ganzes betrauert, sondern teilen sich in viele kleine und große Abschiede auf. Weh tut jeder von ihnen.

Für Ines war jeder gescheiterte Behandlungsversuch, jedes Einsetzen der Menstruation und erst recht jede Fehlgeburt ein Abschied. »Die ersten Jahre war es blanker Schmerz, wenn es wieder schiefgegangen war. Der hatte etwas Klares, etwas Natürliches. Dann hat er sich verändert. Es wurde immer zermürbender. Es war, als würde ich zwischen zwei Steinen zermahlen, und mir tat alles weh. Dieser riesige Misserfolg war wie eine graue Wand, gegen die ich immer wieder rannte und mich blutig stieß. Und trotzdem hatte ich den Zwang, es wieder und wieder zu tun.«

Vor zwei Jahren kam dann ein Moment, da begriff sie: Ich kann nicht mehr. »Ich bin mir sicher, ich hätte noch einen Misserfolg nicht überlebt. Mehr als einmal raste ich im Auto über die Autobahn und dachte: Okay, der nächste Baum, der gut steht, den nehme ich. Dann ist diese Quälerei aus.« Ines sagte den nächsten Termin in der Kinderwunschpraxis ab. »Ich wollte nicht mehr. Ich wusste, es ist vorbei.« Nach der ersten Erleichterung kamen die Tränen zurück. »Als ich die Behandlung abgebrochen habe, war mein Leben plötzlich ganz leer. Ich hatte ja nur noch für dieses Baby gelebt, das nicht kam. Ich hatte kaum noch Freunde, ich hatte keine Hobbys, ich hatte einen langweiligen Beruf.«

Die Leere ertragen

Frauen, die ungewollt kinderlos bleiben, haben keinen realen Menschen verloren, sondern eine Idee, einen Traum. Und mehr noch: ihre gesamte Lebensplanung. Die Identität bekommt tiefe Risse, große Teile brechen weg, wenn erst einmal die Tatsache anerkannt werden muss: Ich werde nie ein leibliches Kind haben. Iris Enchelmaier nennt deshalb die entstehende innere Leere als eine der wesentlichen und schwierigsten Phasen im Trauerprozess. »Die Leere auszuhalten, bis sie mit neuen Inhalten gefüllt werden kann, ist äußerst schwierig. Depressionen bis hin zu suizidalem Verhalten können die Folge sein. Und die Versuchung ist groß, das Loch durch übertriebenen Aktionismus oder gar einen neuen Partner zu stopfen.« (Enchelmaier 2004, S. 37)

Frauen wie Ines haben keinen Ort, an den sie gehen, kein Grab, das sie besuchen können, keine realen Erinnerungen – nur die an ihre Sehnsüchte. Der Raum für das Kind war nur in ihnen selbst, in ihren Wünschen und Träumen. Nun, im Abschiednehmen, kann es helfen, ihm nun einen äußeren Raum zu geben und ihm zu gestatten, sichtbar zu werden.

Ines zögert, als sie sagt: »Ich kann mir nicht vorstellen, wie unser Leben ohne Kinder aussehen soll. Dass ich Kinder wollte, das war immer in meinem Kopf, schon als kleines Mädchen. Das war das Normale, erst Kinder, dann Enkel. Das ist es doch, was das Glück ausmacht, dachte ich immer, und habe es mir so erfüllend vorgestellt. Mein Beruf, Reisen, Unabhängigkeit, all das, was mir Freunde zum Trost sagen, das interessiert mich nicht sehr. Ich wollte ein Haus, Wärme, Geborgenheit, eine Familie, Kinderlachen. Das Weiche, Strahlende, das Kinder haben. Ich war sehr traurig.« Ines hat sich entschieden, eine Therapie zu beginnen, um besser mit ihrem unerfüllten Lebenstraum zurechtzukommen. »Ich versuche mir ein Leben aufzubauen, das auch ohne Kinder glücklich ist. Es fällt mir sehr schwer.«

Die ersten Schritte ist Ines bereits gegangen. Sie hat die »Kinderzimmer« im Haus umgewandelt: In dem einen können nun Gäste übernachten, das andere wird ihr Reich. Einen riesigen Sessel hat sie schon gekauft, eine Lampe dazu, ein Regal, einen Sekretär. Gleichzeitig versucht sie, sich einen neuen Freundeskreis aufzubauen. Sie hat Kontakt zu zwei kinderlosen Frauen aus einem Internetforum aufgenommen, mit einer davon mailt sie regelmäßig.

Wahrscheinlich wird es Ines gelingen, sich in ihrem Leben neu zu orientieren. Das Jenaer Institut für medizinische Psychologie hat Paare zwischen 45 und 65 befragt, bei denen der Kinderwunsch nicht in Erfüllung gegangen ist. Fazit der Studie: Wovor viele Paare am meisten Angst haben, tritt nicht ein – ein unglückliches Leben zu führen. Ihre normale Lebensqualität ist nicht anders als bei Menschen, die Kinder haben.

IMPULS
Dem Abschied Raum geben

Es tut gut, einen Ort für die Trauer zu haben. Es kann eine Ecke in der Wohnung oder im Garten sein, ein Platz, zu dem ich gehen kann, wenn Traurigkeit oder Enttäuschung wie eine Welle heranschwappen. Eine Stätte, wo der Kummer sichtbar sein darf und seinen Platz hat. Was könnte dort stehen?

Ein Symbol für die mütterliche Kraft?

Eine schöne Kerze, ein Windlicht? Wenn sie angezündet wird, brennt zumindest ein Licht, auch wenn die Welt dunkel und trüb aussieht.

Ein Symbol für das Kind, das nie geboren wurde? Eine selbst angefertigte Tonfigur? Ein Windrad, eine weiche Puppe? Es wird wehtun, diese Dinge anzusehen und zur Hand zu nehmen, aber sie werden auch eine friedliche Botschaft haben: Es wird sich gut anfühlen, dass sie da sein dürfen.

Ein Abschiedsbuch, in das man Gedanken und Gefühle notieren und auch nachlesen kann, was mich vor zwei Monaten oder vor einem Jahr beschäftigte? Mit der Zeit kann daraus ein Begleiter werden, der dokumentiert, dass die Bewältigung an Kraft gewinnt.

Blumen? Vielleicht frische, wenn es gut geht, wenn die Stimmung stark und kraftvoll ist. Vielleicht passen aber zu manchen Gefühlslagen getrocknete besser.

Mit der Zeit werden andere Gegenstände dazukommen, die ihre eigene Bedeutung haben.

Ohnmacht

Ein Kinderwunsch, der nicht in Erfüllung geht, ist wie eine Grenze, die mit den üblichen Mitteln – Fleiß, Ausdauer, Disziplin – nicht überschritten werden kann. Kein noch so eiserner Wille bietet die Garantie, dass das ersehnte Ziel erreicht wird, dass es gelingt, dem Leben ein Kind abzutrotzen. Das ist ungewohnt in unserer leistungsorientierten Gesellschaft, in der die Grundregel gilt: Wer sich anstrengt, hat Erfolg.

Viele Frauen, die trotz großer medizinischer Bemühungen ungewollt kinderlos bleiben, kennen die lähmenden Ohnmachtsgefühle, wenn bei aller Mühe nichts, aber auch gar nichts hilft: nicht die Schulmedizin mit Hormongaben und künstlicher Befruchtung, nicht die Psychologie mit ihren Therapien, nicht die Religion oder Esoterik, auch nicht die Alternativmedizin mit Zuckerkügelchen und Blütenextrakten. Viele haben alles probiert, von Astrologie bis Yoga.

Ohnmachtsgefühle sind bitter und blockierend, erst recht für Menschen, die es gewöhnt sind, aktiv zu sein. Wer sich ohnmächtig glaubt, ohne Macht, bemerkt nicht mehr, dass er etwas verändern, etwas bewirken kann. Wir starren auf das Unabänderliche, auf das, was uns hilflos macht, und verlieren den Blick für die Dinge, die sich verändern lassen. Von der Dichterin Margot Bickel stammt der kluge Satz: »Vielleicht sollten wir uns von dem Aberglauben lossagen, alles verstehen zu müssen, und uns zu der Einsicht bekehren, dass wir im Höchstfall imstande sind, mit unserem Unverständnis verständnisvoll umzugehen.« Dieser Satz gilt für all unsere Grenzen, für alles, was sich unserem Zugriff entzieht. Manchmal bleibt einem nicht mehr Handlungsspielraum, als freundlich mit der eigenen Ohnmacht umzugehen.

Ines, 44 Jahre: »Oft kommt mir meine Kinderlosigkeit vor wie eine chronische, unheilbare Krankheit, die ich nicht verstanden habe und gegen die nichts half. Ich lerne gerade, nicht nur auf diese ›Krankheit‹ und ihre Symptome zu starren, sondern mehr darauf zu achten, wie ich es mir leichter machen kann, damit zu leben. Wenn ich erkältet bin, dann koche ich mir ja auch einen Tee oder schlafe viel oder esse viel Obst.«

Auch wenn Kinderlosigkeit keine Krankheit ist, wird sie doch von vielen so wahrgenommen – als etwas, das am eigenen Körper oder dem des Partners nicht stimmt. Deshalb kann es vordergründig – als Gedankenspiel – tatsächlich helfen zu überlegen, wie sich die »Symptome« abmildern lassen, statt bei der Ohnmacht stehen zu bleiben, bei dem Gefühl, nichts gegen das Grundproblem unternehmen zu können.

Wir können herausfinden, was in der Trauer guttut.

Was kann man für einen lieben, kranken Menschen tun? Eine ganze Menge: ihm ein schönes Kissen in den Rücken legen, damit er bequem liegt. Vorlesen. Wenn es möglich ist, etwas mit ihm unternehmen, das Spaß macht. Konzert, Kino, Ausstellungen. Frisch gewaschene Bettwäsche. Gemeinsam malen, gemeinsam Musik hören. Karten spielen, Kuchen backen. Miteinander sprechen, miteinander weinen, offen sein für die Gefühle, die da sind. Das Lieblingsessen kochen. Ein duftendes Massageöl besorgen. Und vieles andere mehr. Auch in der schlimmsten Erkrankung sind viele kleine und größere Liebesdienste möglich, banale Dinge auf den ersten Blick, aber sie machen das Leben, auch wenn es schwer ist, freundlicher.

Die Autorin Iris Enchelmaier rät, aktiv zu experimentieren, was sich gut anfühlt und hilft, was eine Therapie für das Problem der Kinderlosigkeit sein könnte: »Planen Sie Unternehmungen, die Sie mit kleinen Kindern nicht machen können. Zum Beispiel einen Aktiv-Urlaub oder eine Städtereise.« Oder: »Wenn sie bestimmte Empfindungen und Erlebnisse mit eigenen Kindern verbunden haben, überlegen Sie, wie sie diese dennoch verwirklichen können. Spaß, Lebendigkeit, Unbedarftheit, Körperkontakt usw. lassen sich auch anders ins Leben integrieren.«

Neid

Renate, 43 Jahre: »Wenn ich Eltern sehe, muss ich mich manchmal abwenden. Ich bin so neidisch, ist das nicht furchtbar?«

Neid ist eines der schwierigen Gefühle, über die man nicht gerne spricht. Neid auf das Glück der anderen empfindet derjenige, der einen schweren Verlust oder Mangel erlitten hat: keine Kinder zu haben, schwer krank zu sein, nicht dieselben Chancen wie die anderen bekommen zu haben. Wenn ich neidisch bin, dann fühle ich mich zu kurz gekommen und vom Leben ungerecht behandelt.

In der christlichen Tradition gilt der Neid als Todsünde, ebenso wie Hochmut, Habgier oder Völlerei. Papst Gregor I. (um 540 bis 604) hatte den Katalog festgelegt. Todsünde, das klingt gewöhnungsbedürftig in den Ohren eines modernen Menschen, das klingt wie ein Begriff aus der Vergangenheit, aus staubigen moraltheologischen Büchern.

Korrekt heißen die sieben Todsünden Quellsünden, das sind Zustände, Verhaltensweisen, Laster, Eigenschaften, aus denen Sünden erst entstehen, weil sie wichtige Beziehungen stören: zu Gott, zu den Mitmenschen, zu sich selbst.

Und wirklich: Wenn ich neidisch bin, dann erscheint angesichts meines Mangels mein Leben als wertlos. Ich starre auf die anderen, auf die, die das haben, wonach ich mich so sehr sehne, und ich baue eine undurchdringliche Mauer des Unglücks um mein Herz. In diesen Momenten bin ich weder für mich noch für andere erreichbar, so verschlossen bin ich hinter meinem Kummer. Das, was die anderen haben, schmälert das, was ich besitze und was ich bin. In meiner Verbitterung kann ich meinen Wert nicht mehr spüren, kann mich nicht mehr freuen, kann meinen Reichtum, den ich doch besitze, nicht mehr genießen. Der Neid steht außerdem als Barriere zwischen mir und den anderen, den Glücklichen, und macht es schwer, ihnen unbefangen entgegenzutreten. Mein Neid verhindert den offenen Kontakt, und er macht mich einsam.

Hat die Traurigkeit genug
Aufmerksamkeit
bekommen?

Neid tut mir nicht gut, er macht mich unfroh und vergeudet Zeit und Kraft. Das zu erkennen ist wichtig, um mit der nagenden Regung Neid aktiv umzugehen und sie nicht zu einem emotionalen Gefängnis werden zu lassen. Dabei geht es nicht darum, das unerwünschte Gefühl zu verdrängen oder wegzuwischen, denn hinter dem Neid steckt ein verletzter Mensch, dessen Wunden Aufmerksamkeit und Pflege brauchen. Neid liegt wie eine Maske über meiner Traurigkeit, die vielleicht nicht genug Beachtung gefunden hat. Vielleicht muss ich mir wieder Zeit nehmen, mit »meinem« Mangel, »meinem« Verlust sorgfältig und liebevoll umzugehen. Vielleicht muss ich mich wieder einmal zurückziehen und meinen Kummer beweinen, damit er für eine Zeit lang nachlassen und milder werden kann.

Der Kirchenlehrer Thomas von Aquin wies darauf hin, dass das Glück der anderen von zwei Seiten gesehen werden kann: Es kann Trauer bringen, die sich in Neid äußert, aber auch Freude über den Reichtum. Für ihn ist Neid darum ein Vergehen gegen die Liebe und nicht ein Ausdruck der Ungerechtigkeit des Lebens. Die Theologin Dorothee Sölle schreibt dazu: »Das Glück des anderen kann mich glücklich machen oder mich begrenzen, beschämen, (...) betrüben. Neid ist daher der Liebe entgegengesetzt. Die Liebe freut sich über das Gut des Nächsten, der Neid aber betrübt sich über dasselbe, wird davon belastet.« (Sölle 2001)

Dies kann für mich eine Anregung sein, um mich vom Neid zu lösen und zur Mitfreude über die Kinder der anderen zu gelangen, über deren Erfolg, ihre Gesundheit, ihre Existenz. Denn ich mag ja Kinder, ich mag ihr Springen und Singen, ihre großen Augen, ihre Sorglosigkeit. Ich mag auch Erfolg, ich weiß, wie wunderbar er sich anfühlt. Kann ich lernen, mich dort mitzufreuen, wo ich selbst verletzt und gekränkt bin? Es ist nicht leicht, aber ich bin frei, mich zu entscheiden, welcher Seite des Glückes der anderen ich mich zuwenden will.

IMPULS
Neid und
Freude

Ich sehe Mütter mit Kinderwagen.
Ich sehe Schwangere.
Ich höre Kinderlachen.

Ich horche in meinen Körper hinein.
Vielleicht fühle ich wieder den altvertrauten Stich
in der Brust
und merke, wie mein Herz sich verhärtet.
Warum habe ich nicht, was die anderen haben
und wonach ich mich so sehr sehne?

Meine Traurigkeit ist da.
Das Leben war ungerecht zu mir.

Ich bitte um Versöhnung.
Ich mache einen Versuch:
Ich hole mir das Bild her, vor dem ich neidisch wurde –

der sinnlich runde Bauch der Hochschwangeren,
das zarte Neugeborene im Kinderwagen,
die Stillende mit dem Baby an der Brust,
die Mutter mit dem fröhlich hüpfenden Schulkind
an der Hand.

Ich lasse mich auf das Bild ein.
Ich spüre meinem Neid nach und lasse ihn zu.

Jetzt richte ich den Blick auf das Kind:
im Bauch, an der Brust, im Kinderwagen, an der Hand.
Und ich suche nach dem Glück, wie es sich hier zeigt.
Ich lasse mich davon berühren.
Ich lasse die Freude in mein Herz.

Eine Zeit lang lasse ich beides in mir sein,
den Neid und die Freude.
Für einen Moment lang wandere ich
zwischen beiden Fantasien hin und her.
Welche fühlt sich besser an?
Worin bin ich mehr zu Hause?

Groll, Schuldgefühle und Versöhnung

In jedem Leben gibt es ungelebte Anteile: Der Traum vom
Medizinstudium, der nicht verwirklicht werden konnte.
Der Wunsch, als Künstlerin in einem kleinen Atelier zu arbeiten und davon zu leben – nie gewagt. Die Sehnsucht
nach einer heilen, glücklichen Kindheit, ohne Eltern, die
bis aufs Messer streiten – ungestillt. Die Lust, alles hinter
sich zu lassen und durch die Welt zu trampen – undurch-
führbar mit zwei kleinen Kindern. Manche Träume scheitern an den Lebensbedingungen und -umständen oder am

unabänderlichen Schicksal. Manche auch an der Angst davor, ein Risiko einzugehen und zu kämpfen.

Es gibt in fast jedem Leben viele solcher kleinen und größeren Lücken und verpassten Chancen. Sie sind wie verschlossene Räume im Haus der eigenen Biografie. Mit etwas Mut und etwas Glück hätte sich vielleicht ein Schlüssel finden lassen, um sie zu bewohnen und sich darin einzurichten. Manche dieser Räume sind nur Luxus, und es ist nicht weiter schlimm, wenn man sie nicht nutzen kann. Andere können ein Leben lang empfindlich fehlen.

Hilde, 53 Jahre: »Ich bin einverstanden mit meinem Leben und ich finde, dass ich bisher ein schönes Leben hatte. Und trotzdem ist die Tatsache, dass wir keine Kinder haben, immer mal wieder ein Anlass für mich, wehmütig zu sein. Es macht mich nicht jeden Tag traurig, so ist das gar nicht. Aber der Gedanke taucht immer mal wieder auf. Mein Mann ist zeugungsunfähig, er hatte als Junge Mumps mit Komplikationen. Deshalb sind wir kinderlos. Ich glaube schon, dass ich wegen seiner Probleme etwas verpasst habe, was mir gefallen hätte und was ich gern erlebt hätte. Da fühle ich mich ungerecht behandelt und ich gebe zu, das ich manchmal überlege, was gewesen wäre, wenn ich einen anderen Mann geheiratet hätte. Ich könnte aber meinem Mann nie von diesen Gedanken erzählen, es würde ihn sehr verletzen. Das will ich nicht. Warum sollte ich auch, er kann und konnte ja nichts daran ändern.«

Für die meisten Menschen, die kinderlos geblieben sind, gibt es Augenblicke der Wehmut, in denen sie sich fragen: Wie wäre das, wenn Kinder da wären? Diese Fragen sind wie dunkle Wolken, die den Himmel für kurze oder längere Zeit verdüstern und dann weiterziehen. Bedrückend werden sie dann, wenn Groll unter die Wehmut gemischt ist, Schuldgefühle oder Vorwürfe: wenn es da etwas gibt, das man sich selbst oder dem Partner schwer verzeihen kann. Das kommt vor, wenn die Ursache für die Kinderlosigkeit nur bei einem der Partner zu finden ist: weil er keine Kinder wollte, weil ihre Eileiter geschädigt sind, weil seine Spermien sich nicht ausreichend bewegten, weil bei ihr zu wenige Hormone ausgeschüttet wurden, weil er zeugungsunfähig ist, weil sie zu Fehlgeburten neigt. Gründe gibt es viele. Besonders bitter können Schuldgefühle für Frauen werden, die in jungen Jahren eine Abtreibung hatten und später nicht mehr schwanger wurden. Das Ungleichgewicht der Verantwortung kann eine schwere Belastung für die Partnerschaft bedeuten, und die Beziehung gerät unter dem Druck lastender Schuldgefühle aus der Balance.

Veronika, 48 Jahre: »Ich hatte das Gefühl, ich stehle meinem Mann die Fruchtbarkeit. Mit einer anderen Frau könnte er sie ausleben, mit einer, die leicht schwanger wird. Ich habe mich als mangelhaft empfunden, mit einem Fehler versehen, für den ich zwar nichts konnte, der aber ja trotzdem da war und seine Wirkung hatte – und nicht nur auf mich. Mein Mann hat das offenbar viel leichter genommen. Er sagte: ›Ich habe dich nicht geheiratet, damit du Kinder kriegst, sondern weil ich mein Leben mit dir verbringen will.‹ Aber ich habe das nie ganz geglaubt. Kinder haben für mich so sehr zu einer erfüllten Liebe gehört, dass ich immer vermutete, dass es in ihm ganz anders aussah. Es hat mich sogar wütend gemacht, wenn er es immer so heruntergespielt hat, als wäre gar nichts passiert. Das hat unsere Beziehung immer wieder belastet.«

Schuldgefühle lasten schwer

Selbstzweifel und Schuldgefühle werden im Extremfall zu quälenden Begleitern. »Man kommt nur schwer gegen sie an. Sie können unser Leben zur Hölle machen und uns den inneren Frieden rauben. Sie machen uns manipulierbar und gefügig bis hin zur völligen Selbstaufgabe. Mit quälenden Gedanken wie ›Hätte ich doch nur ...‹, ›Wie konnte ich nur ...‹, ›Ich hätte ... sollen‹ zermürben und lähmen wir uns. Starke Schuldgefühle beeinträchtigen unsere Leistungsfähigkeit, wir verfallen in Depressionen, flüchten in den Alkohol oder nehmen Beruhigungsmittel.« (Wolf 1996)

Was ist das eigentlich, Schuld? Das Lexikon definiert Schuld als eine Verpflichtung, eine bestimmte Leistung zu erbringen. Als Voraussetzung für Schuld wird angenommen, dass der Schuldige überhaupt die Möglichkeit hat, die Leistung zu erbringen. Deshalb wird in der Philosophie die Schuldfähigkeit oft auf die Willensfreiheit zurückgeführt. Das gilt auch für die ethische Überlegung, nach der Schuld entsteht, wenn jemand gegen sittliche Wertvorstellungen bewusst oder fahrlässig verstößt. Ein Ausgleich der Schuld kann nach landläufiger Vorstellung erreicht werden, wenn der Schuldige Wiedergutmachung leistet oder wenn ihm vergeben wird. Hat ein Mensch keine Schuld an einem Vergehen, dann ist er unschuldig.

Wenn man den Begriff Schuld etwas näher betrachtet, wird klar, wie unsinnig es ist, ihn auf Vorgänge anzuwenden, die dem eigenen Einfluss entzogen sind. Und trotzdem nützt es wenig, rein rational an Schuldgefühle heranzugehen. Was der Verstand längst billigt, kann das Herz vielleicht trotzdem nicht akzeptieren.

Da kann es helfen, sich dem Begriff der Verzeihung und Versöhnung zuzuwenden. Sich selbst verzeihen, dem anderen verzeihen: In Deutschland ist das Vergeben erst in den letzten Jahren im Rahmen der sogenannten positiven Psychologie zum Thema geworden – einer Richtung, die sich auf Stärken, seelischen Halt und Kraftquellen des Menschen konzentriert und nicht so sehr auf Verletzungen und Schwächen.

Die Amerikaner erforschen das Thema »Forgiveness«, das Vergebenkönnen, schon länger und haben festgestellt, dass Groll nicht nur viel Energie kostet, sondern sogar krank machen kann, das Immunsystem schwächt und das Risiko für Herzerkrankungen deutlich erhöht. Wer verzeihen lernt, sich selbst oder dem Partner, fördert damit sein eigenes Wohlbefinden.

Sich selbst und anderen verzeihen

Psychologen wie der Amerikaner Robert Enright haben erforscht, in welchen Phasen der Prozess des Vergebens verläuft. Er beginnt mit der Anerkennung dessen, was geschehen ist, einer Bestandsaufnahme der Gefühle. Wie geht es mir mit meinem körperlichen Defizit, mit der Unfruchtbarkeit meines Partners? Was empfinde ich, wenn ich daran denke, wie wir damit umgehen? Bin ich wütend? Enttäuscht? Traurig? Beschämt? Voller Groll gegen mein Schicksal? Welche Erwartungen hatte ich an mich oder den anderen? Welche Hoffnungen? Inwiefern ist die Kränkung der ungewollten Kinderlosigkeit für mich eine Möglichkeit, mehr Klarheit über mich zu gewinnen? Auch das ist eine wichtige Frage: Denn meistens steht hinter dem

Wunsch nach einem eigenen Kind noch ein ganzes Bündel an anderen Motiven, wie etwa dem Leben Sinn zu geben, die Sehnsucht nach Zärtlichkeit und Nähe, der Wunsch nach Anerkennung durch Freunde oder Eltern. Manchmal auch die Hoffnung, eine kriselnde Beziehung mit einem Kind retten zu können.

Es kann auch nach Jahren noch wehtun, den alten Kummer aufsteigen zu spüren und dadurch anzuerkennen, dass er immer noch da ist. Vielleicht fließen dabei Tränen und das Herz wird schwer. Und doch hilft es, der Traurigkeit ihren Platz zu geben, statt sie zu verdrängen. Nur dann kann sie irgendwann milder werden und sich als – wenn auch dunkler – Teil in die eigene Lebens- und Entwicklungsgeschichte einfügen.

Wer sich selbst einfühlsam begegnet, kann auch für andere das Herz öffnen. Eine zweite Phase im Prozess des Vergebens erfordert einen Perspektivenwechsel. Der Frau, die sich eine Abtreibung in jungen Jahren nicht verzeiht, kann es helfen, wie die Sozialpädagogin Iris Enchelmaier vorschlägt, sich die um Jahre jüngere Frau, die sie einst war, vorzustellen und sie zu Wort kommen zu lassen.

Wer sich selbst einfühlsam begegnet, kann das Herz für andere öffnen.

»Wie hat sie sich damals gefühlt? Wie waren ihre Beweggründe für diesen Schritt? Wie sahen die Lebensumstände aus? Hören Sie ihr genau zu und respektieren Sie die Antworten. Vor diesem Hintergrund und in diesem Lebenskontext war ihr Handeln richtig.« (Enchelmaier 2004, S. 80)

Ähnlich können Frauen mit anderen Entscheidungen umgehen, die in der Vergangenheit liegen und deretwegen sie sich Vorwürfe machen: etwa, weil sie den Kinderwunsch zu lange aufgeschoben oder weil sie sich gegen eine reproduktionsmedizinische Behandlung entschieden haben.

Dieser zweite Schritt zur Versöhnung verlangt es, sich ein Stück weit vom eigenen Kummer zu entfernen und einfühlsam mit dem anderen zu sein, mit dem Partner oder mit sich selbst in der Vergangenheit. Wer ist dieser Mensch? Ein Mensch, der sich nicht ausgesucht hat, zu wenig Spermien zu produzieren oder undurchlässige Eileiter zu haben. Ein Mensch, den das launische Schicksal zufällig gewählt hat, um genau diese körperliche Einschränkung zu tragen. Auch dieser Mensch ist verletzt und hat die Kränkung der eigenen körperlichen Unzulänglichkeit erfahren. Dieser Mensch verdient Mitgefühl und braucht Trost.

Wenn es gelingt, liebevoll mit den eigenen Verletzungen und denen des Partners umzugehen, steigt vielleicht der Wunsch auf, zu verzeihen und Schuldgefühle ebenso wie unausgesprochenen Groll hinter sich zu lassen.

Das heißt nicht etwa, sie zu vergessen oder zu verdrängen. Es bedeutet auch nicht, den Kummer zu rechtfertigen oder zu billigen. Verzeihen bedeutet, ihn umzuwandeln in ein Stück der eigenen Biografie, sodass es möglich wird zu sagen: »Mir ist Schlimmes widerfahren. Ich kann nicht verändern, was geschehen ist, aber ich kann verhindern, dass es mein Leben beherrscht.«

Begegnungen

Renate, 43 Jahre: »Für mich stand ein Kind auch immer für die Erfüllung unserer Liebe. Ich hätte so gern gehabt, dass aus dieser ganz besonderen Beziehung zwischen mir und meinem Mann etwas Neues entsteht, eben ein Kind der Liebe. Ohne dieses Kind hatte ich das Gefühl, dass unsere Beziehung etwas Unreifes behielt, nur zwei Erwachsene, die aufeinander starren. Ich finde, aus der Liebe sollte Familie entstehen, so ist das gemeint.«

Wenn zwei Menschen ein Kind bekommen, dann kommt zu der Liebesbeziehung eine weitere hinzu: die Elternschaft. Ein Kind kann einer Ehe sehr guttun – gemeinsam die Verantwortung zu übernehmen, es gemeinsam zu lieben, sich gemeinsam der Aufgabe zu stellen, es zu schützen und zu fördern. Ein Kind ist etwas Drittes, das in die Zweierbeziehung kommt, ihr Input gibt und Anreize setzt, sich immer wieder neu zu orientieren. Es kann zwei Menschen sehr innig verbinden, im Leben nebeneinander zu stehen und in dieselbe Richtung, auf das Wohlergehen und auf die Zukunft des Kindes, zu schauen. Zudem wird die Beziehung faktisch unauflöslich: Der Mensch, mit dem ich ein Kind habe, bleibt mir für immer verbunden, selbst wenn wir uns trennen, selbst wenn er sich nicht um das

Kind kümmern sollte. Er bleibt der Vater, so wie ich die Mutter bleibe.

Doch längst nicht bei allen Eltern erfüllt sich dieser Traum. Im Gegenteil: Viele Ehen werden in den Jahren nach der Geburt des ersten Kindes sehr instabil. Das mag daran liegen, dass ein oder zwei Kleinkinder Mutter und Vater so auf Trab halten, dass keine Zeit für die Pflege der Liebesbeziehung bleibt. Eine Herausforderung.

Sabine, 41 Jahre, zwei Kinder:»In den ersten zwei Jahren nach Linas Geburt arbeitete ich vormittags, mein Mann nachmittags. Wir sahen uns nur mittags zur Übergabe von Lina und gaben uns die Klinke in die Hand. Abends waren wir beide völlig erschlagen: Ein Job und der Alltag mit einem Kleinkind war höllisch anstrengend. Dann kam das zweite Kind und es wurde alles nur noch schlimmer. Wir hatten einander nichts mehr zu sagen, was über die Kinder hinausging. Damals entfernten wir uns so weit voneinander, dass unsere Ehe fast daran zerbrochen wäre.«

Paare – Von Liebe und Missverständnissen zu zweit

Kinder zu bekommen, kann zur Krise für die Liebe werden. Kinderlos zu bleiben auch. Viele der Menschen, die in diesem Buch zu Wort kommen, erzählten, dass es eine Zeit gab, in der ihre Ehe auf der Kippe stand. Vor allem, wenn die Kinderlosigkeit ungewollt ist, entstehen leicht Missverständnisse, Konflikte, Sprachlosigkeit. Der Stress der

Behandlungen macht dünnhäutig und lässt vielleicht schon vorher bestehende Paarprobleme oder Lebensthemen an die Oberfläche steigen, die unter normalen Umständen unbemerkt bleiben oder gut bewältigt erscheinen. Aber auch Paare, die gewollt kinderlos blieben, stehen mit der Aufgabe, ihre Beziehung zu hüten und wachsen zu lassen, vor einem Abenteuer zu zweit, wenn die Entwicklungsimpulse durch das Dritte, das Kind, fehlen. Auch sie müssen für sich ein Lebensmodell finden, in dem Zweisamkeit ebenso Platz hat wie Individualität.

Es ist nicht der unerfüllte Kinderwunsch als solcher, der Krisen in der Paarbeziehung auslöst. Vielmehr ist es meist die Art, wie die beiden Partner mit sich und dem Wunsch umgehen. Dass Männer und Frauen ganz und gar unterschiedlich fühlen, denken und handeln, darüber herrscht allgemeine Einigkeit, nicht erst seit ungezählte Bestseller in den letzten Jahren genüsslich die Kluft geschildert haben, die die Geschlechter trennt. Dass Frauen schlecht einparken und Männer nicht zuhören können, dass Männer anders lieben und Frauen auch, dass Männer lügen und Frauen dauernd Schuhe kaufen, ist nun hinlänglich bekannt. Venus und Mars – ein Krieg der Sterne in der Liebesbeziehung.

Auch wenn jede Typisierung oberflächlich und damit auch unzutreffend ist, ist es hilfreich, die Unterschiede zwischen Männern und Frauen im Hinterkopf zu behalten. »Konkret: Männer bewegen und orientieren sich tendenziell mehr auf der Sachebene, Frauen eher auf der emotionalen Ebene, was keinesfalls bedeutet, dass Frauen nicht sachlich sein und Männer keine Gefühle haben können. Bei Schwierigkeiten, Problemen und Konflikten machen sich Männer spontan an die Lösung und richten Augenmerk und Energie auf die Beseitigung, aufs Management, während Frauen oft schon mit Verständnis, Zuhören, Mitgehen und Mitgefühl geholfen ist – vor aller Problemlösung.« (Jellouschek 2001, S. 32)

Ob Männer, wie oft angenommen wird, weniger unter einer ungewollten Kinderlosigkeit leiden, weiß man nicht. Es gibt dazu kaum Literatur – und nur wenige gesprächsbereite Männer. Vermutlich leiden sie anders, haben andere Bewältigungsstrategien, und vermutlich tun sie sich noch viel schwerer als Frauen, angemessene Worte für die Vorgänge in ihrem Inneren zu finden.

Thomas: Mich hat das wahnsinnig geschlaucht

»Meine Frau Silvia ist 46, also gerade raus aus dem Alter, wo es um Kinder geht. Seit ihre biologische Uhr nicht mehr tickt, hängt das Thema bei uns ein bisschen tiefer. Darüber bin ich sehr erleichtert. Jetzt können wir das vielleicht irgendwann abschließen.«

Thomas hatte lange gezögert, bevor er sich auf ein Gespräch über seine Unfruchtbarkeit einlassen konnte. Den ersten vereinbarten Termin sagte er ab, weil er noch Zeit brauchte, um zu überlegen, ob er sich wirklich noch mal an diese Zeit erinnern wollte, denn: »Das hat bei mir eine große Verunsicherung ausgelöst.«

Thomas ist 47, ein groß gewachsener, dunkler Typ. Kräftige Augenbrauen, starker Bartwuchs, auf den muskulösen Unterarmen und am offenen Hemdkragen kräuseln sich schwarze Haare. Männlich. Sportlich. Ein Macher, ein Bastler. Am Wochenende zuvor hat er stundenlang am

Vergaser seines Motorrades geschraubt, einer Zündapp mit Beiwagen aus dem Jahr 1957. Wenn die Zeit einigermaßen ausreicht, joggt er morgens eine Dreiviertelstunde durch das Wäldchen, das gleich hinter dem Haus der beiden beginnt.

»Kinder waren für mich kein Thema, mit dem sich meine Lebensplanung verbunden hat. Ich dachte nicht darüber nach, wie es wäre, wenn wir welche bekommen oder wenn wir keine haben werden. Sie gehörten für mich schon irgendwie zu einer Ehe, aber sie berührten mich nicht sehr. Eher Frauensache. Ich bin nie in Begeisterungsstürme ausgebrochen, wenn Freunde ihre Kinder mitbrachten.«

Für ihn war der Beruf interessant, die Möglichkeiten, aufzusteigen, Geld zu verdienen, das Haus zu planen, das die beiden bauen wollten und in dem ganz selbstverständlich zwei schöne sonnige Kinderzimmer eingeplant wurden, sich irgendwann mit einem Reprobetrieb für Druckvorlagen selbstständig zu machen. 1996 wagte er den Sprung in die Unabhängigkeit – erfolgreich.

Dass seine Frau Silvia, mit der er seit fünf Jahren verheiratet war, zu dieser Zeit jeden Monat, wenn ihre Periode einsetzte, unglücklich war, fiel ihm nicht auf. »Ich wusste, dass sie die Pille nicht mehr nahm, aber ich hatte nicht erwartet, dass sie sofort schwanger würde. Ich versuchte, sie zu beruhigen. Und ich hatte den Kopf voll mit meinem Betrieb. Wenn ich überhaupt darüber nachdachte, dann war ich ganz froh, dass sich das Kind Zeit ließ und nicht in die Phase der Existenzgründung hineinschneite.«

Nach ein paar Monaten, in denen sich die Menstruation wieder und wieder pünktlich einstellte, ging Silvia zum Frauenarzt. Erste Untersuchungen zeigten bei ihr einen unauffälligen Befund. Thomas, so riet die Gynäkologin, sollte sich auch checken lassen.

»Mir war das peinlich, in eine Praxis zu gehen und mir mit einem Pornoheft vor Augen einen runterzuholen. Ich wollte das nicht und ich sah auch die Notwendigkeit nicht ein. Was sollte an mir schon fehlen?« Er verschob den Termin von Woche zu Woche. Schließlich ging er doch. »Ein Indianer fürchtet sich nicht«, sagt er und grinst. Vielleicht fürchtete sich der echte Indianer auch weniger vorm Urologen als vor den Reaktionen seiner Frau. »Silvia hatte eines Abends, für mich aus heiterem Himmel, einen Tränenausbruch, ein richtiger Heulkrampf war das.« Er wisse doch, wie wichtig es ihr sei, und warum er ihr nicht diesen Gefallen täte.

»Das war das erste Mal, wo ich wirklich begriffen habe, dass sie dieses Warten auf eine Schwangerschaft quält. Ihr Weinen war für mich sehr schlimm. Das wollte ich nicht, dass meine Frau unglücklich ist – und ich daran schuld bin.« Thomas zögert. »Damals habe ich auch eine Ahnung bekommen, dass ich mich sehr für das Glück meiner Frau verantwortlich fühle. Natürlich noch ganz und gar unhinterfragt. Ein Mann ist doch schließlich verantwortlich, oder?«

*»Bin ich **verantwortlich** für das Glück meiner Frau?«*

Im Labor wurden Thomas Spermien untersucht. Das Ergebnis war bedrückend: Zu wenige normal bewegliche Spermien vorhanden. Zeugungsunfähig auf natürlichem Weg. Verantwortlich dafür können neben genetischen Problemen schädliche Umwelteinflüsse sein, Rauchen, Alkohol, Drogen, vitaminarme Ernährung, auch zu viel Hitze an den Hoden wie durch häufige heiße Bäder oder Saunagänge. In vielen Fällen kann aber die Ursache nicht geklärt werden. »Als ich das Ergebnis erfuhr, dachte ich nicht: Oh

Mist, jetzt kann ich keine Kinder kriegen. Um mich selbst ging es mir nicht. Ich dachte gleich an Silvia: Ich kann für sie kein Kind zeugen. Das war das Erschreckende.«

Der Arzt informierte Thomas gleich über die Möglichkeit der intrauterinen Insemination. Dabei werden die Spermien aufbereitet, nur die fittesten überstehen die Prozedur, und der Frau kurz vor dem Eisprung in die Gebärmutterhöhle gespritzt. Ein Lichtblick. Etwas, das man tun konnte. Thomas ging mit dieser Information nach Hause. »Das Gespräch mit Silvia war schlimm. Sie war geschockt und sagte lang nichts.« Dann weinte sie.

Thomas und Silvia lassen fünf Inseminationen durchführen, die letzten drei Mal mit einer milden hormonellen Stimulation, die dazu führt, dass sich zwei bis drei Eibläschen bilden. Ergebnislos. Danach dreimal ICSI. Dabei werden Eizellen aus dem Eierstock entnommen, denen im Labor mit speziellen Instrumenten eine Samenzelle injiziert wird. Die entstandenen Embryonen werden anschließend in die Gebärmutter der Frau eingesetzt. Dreimal durchlaufen Silvia und Thomas diesen Zyklus ohne Erfolg. Silvia reagiert von Mal zu Mal enttäuschter, hoffnungsloser. Thomas fühlt sich schuldig, weil er ihr nicht geben kann, was sie sich so sehr wünscht. Auch wenn Silvia nie einen Vorwurf offen ausspricht, beginnt Thomas an ihrer Liebe zu zweifeln. »Wenn sie mich wegen ganz normaler Dinge kritisiert hat, dachte ich: So, das macht sie, weil ich keine Kinder zeugen kann. Mit einem anderen Mann wäre sie längst schwanger. Silvia war sehr gereizt. Ich konnte ihr nichts mehr recht machen.« Einmal kommt er sogar auf die Idee, seinen Bruder, der zwei Kinder hat, zu fragen, ob er ein Kind mit Silvia zeugen würde. »Ich dachte, das wäre ja dann auch irgendwie von mir, das wären ja auch meine Gene.«

Thomas zieht sich zurück: »Silvia war für mich weit weg, fast unerreichbar. Das betraf alle Lebensbereiche, auch den Sex. Wenn sie keine Lust hatte, dann dachte ich: Na klar, ich kann sie ja auch nicht schwängern. Wenn sie Lust hatte und es mir zeigte, dachte ich: Das tut sie jetzt aus Mitleid. Dann ging bei mir nichts mehr.« Sie schliefen immer seltener miteinander. »Ich hatte das Gefühl: Ich bin ja kein ganzer Mann, sondern verkrüppelt. Ich habe ihr nichts zu bieten, jedenfalls nicht das Wichtigste.«

*»Wir entfernten uns **immer weiter** voneinander.«*

Thomas stürzt sich wieder in die Arbeit, um den Kopf frei zu kriegen, begann Marathondistanzen zu laufen, um sich zu beweisen, dass er es kann. Zwischen den beiden wird nur noch über Alltägliches gesprochen. Keiner fragt, wie es dem anderen geht. »Ich wollte Silvia nicht noch mehr belasten, ich wäre lieber erstickt, bevor ich ihr gesagt hätte, dass ich unter der Situation leide wie ein Schwein. Ich wollte auf keinen Fall jammern. Da hätte ich mich noch mal schwach zeigen müssen, ich, der Schwächling, der keine Kinder zeugen kann. Ich hatte sie ja in diese Situation gebracht, weil ich das nicht konnte, was für meinen Bruder und alle anderen selbstverständlich war.«

Also versucht er stark zu sein, nicht zu zeigen, wie tief ihn die Unfruchtbarkeit erschüttert und zermürbt, versucht munter zu sein, schmiedet Pläne, Urlaubsreisen, bucht einen Kurs im Gleitschirmfliegen für beide und schenkt ihn Silvia zum Geburtstag. »Mir ging es ja nicht um ein Kind. Dass wir keine Kinder haben würden, war mir nicht so wichtig. Ich hatte mich nicht als Vater gesehen, sondern vor allem als Mann: einer, der im Beruf seinen Mann steht, der eine Frau glücklich macht, der genug Geld verdient und erfolgreich ist.« Also versucht er, auch Silvia zu überzeugen, dass das Leben auch ohne Kinder schön und lebenswert sein kann. Über seine Gefühle spricht er nicht. Wenn Silvia dazu ansetzt, wird ihm unbehaglich.

Beide bleiben allein mit ihrem Erleben. »Heute weiß ich, dass uns das fast unsere Ehe gekostet hätte. Wir haben nur noch nebeneinander gelebt. Ich hatte alle möglichen Gefühle, auch sehr widersprechende.« Wut war dabei, dass Silvia, inzwischen 43, sich so auf den Kinderwunsch konzentrierte: »Ich fand das nicht normal.« Gefühle der Wertlosigkeit gab es, die Thomas möglichst schnell verdrängte: »Dann musste ich einfach raus und laufen, bis ich nicht mehr konnte.« Hilflosigkeit, Scham und die Sehnsucht nach Normalität: »Verdammt, alle anderen konnten es doch auch.« Verzweiflung und Ratlosigkeit: »Ich hatte das Gefühl, dass wir in ein Loch gestürzt waren, aus dem es keinen Ausgang gab. Wir drehten uns da immer tiefer rein.« Und schließlich der Tiefpunkt, der Wunsch, um jeden Preis den Knoten, in dem sie sich verfangen hatten, zu zerschlagen: »Ich wollte da raus. Ich wollte Silvia freigeben, damit sie einen anderen Mann finden konnte, einen, der zeugungsfähig war. Mir erschien das eine verantwortungsvolle Lösung für das Problem. Wenn es nicht gemeinsam ging, glücklich zu werden, dann eben jeder allein.«

Thomas schlug Silvia die Trennung vor, am Küchentisch, abends nach dem Essen. »Sie hat kaum reagiert. Erst gar nichts gesagt, dann die Teller zusammengeräumt, dann genickt. Nichts weiter.« Nur Schweigen. Als Silvia begann abzuspülen, begriff Thomas, dass auch seine Frau an Trennung dachte. Da verlor er die Selbstbeherrschung, der starke Mann brach zusammen. »Ich saß nur da und mir liefen die Tränen runter. Ich konnte nicht mehr aufhören. Ich liebte sie doch. Und sie hatte uns aufgegeben. Sie wollte mich nicht mehr.«

Der Zusammenbruch am Küchentisch – ein Dammbruch. Mit Thomas' Tränen schwappten die Verletzungen und lang verdrängten Gefühle über den Damm des Schweigens. Ein Tiefpunkt war erreicht, ein Schlusspunkt auch, »aber nicht für unsere Ehe, sondern für eine Phase unserer Ehe, in der jeder für sich allein kämpfte«. Hilflos wie die Jahre zuvor Thomas vor ihrer Trauer stand, stand Silvia nun vor ihrem weinenden Mann. »Später hat sie gesagt, dass sie da zum ersten Mal seit Langem wieder spürte, dass ich sie liebte und sie mir nicht egal geworden war.«

Noch in der Nacht begannen die beiden zu reden. »Das erste Mal seit Jahren haben wir offen miteinander gesprochen«, ehrlich, ohne einander zu schonen. Jeder sprach nur von sich, es gab keine Vorwürfe. Lange Stunden klang es wie »ein Bilanzgespräch der Ehe. Das hat sehr gutgetan«, sagt Thomas. Noch bevor es am anderen Tag wieder hell wurde, hatten sie einen Entschluss gefasst: Eheberatung. Wieder zusammenfinden. Gemeinsam weiterleben.

In der Paarberatung einigten sie sich auf noch einen letzten IVF-Versuch. Auch diese Behandlung endete erfolglos und mit einer Phase tiefer Trauer für Silvia. Diesmal versuchte Thomas nicht, sie abzulenken und vor ihrer Traurigkeit zu flüchten, sondern er schaffte es dazubleiben. Schweißte in seiner Werkstatt ein Herz aus alten Metallstücken, Schrauben und Drähten zusammen und schenkte es ihr – als Symbol seiner Liebe und als unverwüstbares Zeichen, dass sie die schwere Zeit bewältigen würden. Heute liegt es auf einer Kommode im Wohnzimmer – eine Erinnerung an einen unerfüllten Traum.

Thomas und Silvia besuchten mehrere Paarseminare, die von der katholischen Kirche angeboten werden. »Ich habe dabei viel über mich gelernt. Wie schwierig es für mich ist, meine Gefühle auszudrücken und Silvias auch auszuhalten, wie wichtig das für eine Beziehung ist. Oder dass ich immer der Macher war, der, der versucht hat, ein Problem zu lösen, kaum dass es aufgetaucht war. Ich habe sehr viel Verantwortung dafür übernommen, dass Silvia glücklich wird, auch wenn ich darauf kaum Einfluss habe, wie bei der Sache mit dem Kinderwunsch. Heute achte ich mehr darauf, wie es mir geht, und ich rede mehr über mich.« Auch wenn das Thema Kinderlosigkeit auftaucht.

»In dieser Zeit habe ich gelernt, meine Gefühle auszudrücken.«

Für Silvia ist es noch nicht abgeschlossen. Das Wissen, kinderlos zu bleiben, macht ihr noch zu schaffen. Sie hat nun eine Psychotherapie begonnen, um die vergangenen Jahre zu verarbeiten. Thomas ist zuversichtlich. »Sie sucht nach einem Weg, ohne Kinder glücklich zu werden. Ich bin mir sicher, dass sie das schafft. Die Zeit wird uns helfen. Inzwischen sind ja auch die meisten Kinder unserer Freunde schon größer, und man sieht die Erwachsenen auch mal wieder allein. Wir sind also nicht mehr dauernd mit Kindern konfrontiert.«

Ein unerfüllter Kinderwunsch ist für ein Paar eine tief reichende Krise, die die Grundfesten der Partnerschaft erschüttern kann. Es ist wichtig, die Krise gemeinsam anzugehen und sie als gemeinsame Herausforderung zu begreifen. Auch wenn die Bewältigung der Kinderlosigkeit unterschiedlich verläuft, auch wenn jeder seinen Weg durch die Trauer allein finden muss, ist es für die Beziehung von existenzieller Bedeutung, sich immer wieder zu treffen: Über Erfahrungen zu berichten, über Erlebnisse am Wegesrand, von Weggefährten und Hindernissen zu erzählen, und wieder ein Stück weit gemeinsam zu wandern, auch wenn sich die Wege dann wieder teilen. Geschieht das nicht, werden beide einsam sein, und das kann die Beziehung in ihrer Existenz bedrohen. »Das offene Gespräch über das andersartige Erleben darf während des Trauerprozesses nicht ins Stocken geraten. Gelingt dies, gehen Kinderwunschpaare gestärkt aus dieser Zeit hervor.« (Enchelmaier 2004, S. 65)

Ein Stück
gemeinsamen Weges

Verabreden Sie, sich in einem bestimmten
Rhythmus Zeit dafür zu nehmen, zum Beispiel
alle zwei Wochen. Wählen Sie einen schönen
Spazierweg in der Natur aus, den Sie dann
zusammen laufen. Gehen Sie Hand in Hand
und sprechen Sie in dieser Zeit nur über Ihre
Bewältigung. Achten Sie darauf, dass beide
zu Wort kommen und erzählen, wie es Ihnen
in den vergangenen Wochen erging, was Sie
beschäftigte, was Sie erlebt haben.
Kommentieren Sie nicht, interpretieren Sie
nicht, machen Sie keine Vorwürfe und sprechen Sie in Ich-Botschaften. Fragen Sie nach,
wenn Sie etwas nicht verstehen. Muten Sie Ihrem Partner Ihre Gefühle ruhig zu – er wird sie
sowieso erspüren. Wenn es nichts zu erzählen
gibt, dann gehen Sie den Weg, immer denselben, schweigend, Hand in Hand.

Natürlich ist dieses Paar-Ritual nicht dem Thema Kinderlosigkeit
vorbehalten. Es kann genauso gut für andere Krisenzeiten eingesetzt werden oder ganz einfach, um in regelmäßigen Abstän-
den Zeit füreinander und für das Gespräch über die Beziehung
zu reservieren.

Beate: Ich dachte,
ich tue es ihm zuliebe

»Dass ich keine Kinder habe, sitzt heute noch wie ein Spreißel in meinem Fleisch. Es tut nicht mehr dauernd weh, aber die Wehmut kann ganz leicht aktiviert werden. Es ist mehr als eine Narbe, die man vielleicht mal spürt, wenn das Wetter wechselt, eher wie eine Wunde, die sich zwar geschlossen hat, aber eben nie ganz, die leicht wieder aufbricht und dann einige Zeit nässt und wehtut, bis sie sich wieder verschließt.

Die Entscheidung gegen Kinder war nie meine eigene. Es war mein Mann, der keine Kinder haben wollte, und es war mein Körper, der nicht so funktionierte, wie er sollte. Einmal bin ich schwanger geworden, da war ich 31, eine Verhütungspanne. Ich habe abgetrieben, weil wir uns ja darauf geeinigt hatten, kinderlos zu bleiben. Ich dachte, ich tue es ihm zuliebe, unserer Liebe zuliebe. Heute denke ich, dass das ein schwerwiegender Fehler in meinem Leben war, den ich mir nie ganz verzeihen werde.

Es begannen schwierige Jahre. Ich liebte meinen Mann über alles, er war ein Traummann und ich konnte mein Glück kaum fassen, dass dieser wundervolle Mensch sein Leben mit mir verbringen wollte. Ich habe unsere Liebe als so tiefgehend und so erfüllend erlebt, wie nie etwas anderes in meinem Leben. Ich fühlte mich geborgen und begehrt, ganz und gar angenommen – außer in meinem Kinderwunsch.

Einige Zeit nach der Abtreibung begann eine tiefe Beziehungskrise. Mein Kinderwunsch war durch die Wochen der Schwangerschaft richtig zum Leben erwacht und nichts beschäftigte mich in dieser Zeit mehr, als die Sorge, dass ich wirklich mein Leben lang auf Kinder würde verzichten müssen. Oder aber auf diesen Mann an meiner Seite.

Dieses Dilemma war schrecklich für mich. Es spitzte sich zu zur Wahl zwischen der großen Liebe meines Lebens und dem Wunsch nach einem Kind. Ich hatte das Gefühl, wie auch immer ich mich entscheiden würde, würde ich unrecht tun. Mir täte ich unrecht, wenn ich auf meinen Kinderwunsch verzichtete. Meinem Mann täte ich unrecht, der in jeder Hinsicht liebevoll und aufmerksam zu mir war und der mich fast von unserem ersten Treffen an nie im Unklaren darüber gelassen hatte, dass er keine Kinder wollte. Aber auch meinem ungeborenen, ja noch nicht mal gezeugten Kind täte ich unrecht, wenn ich ihm verweigerte, auf die Welt zu kommen.

Dem Kind, das ich abgetrieben hatte, hatte ich bereits unrecht getan. Dem Leben selbst täte ich unrecht, wenn ich mich aus seinem Kreislauf einfach so ausklinkte.

»Was für ein Dilemma: entweder Kinder oder die Liebe meines Lebens.«

Ich wollte das Leben doch weitergeben, das mir geschenkt worden war. Ich sah keinen Ausweg aus diesem Dilemma. Alles, was ich tun konnte, klang in meinen Ohren wie Verrat. Ich litt fürchterlich, es gab Tage, da konnte ich nicht arbeiten, mich auf nichts mehr konzentrieren.

Irgendwann streckte mein Mann die Waffen, und das ist bis heute für mich sein schönster Liebesbeweis. Während ich in meinem Dilemma fast aufgerieben wurde, war er über seinen Schatten gesprungen. Er sagte zu mir: Wenn du unbedingt möchtest, dann werden wir das zusammen schaffen. Mir kommen heute noch die Tränen, wenn ich daran denke. Ich war so gerührt, all die Sorgen, die ich mir gemacht hatte, fielen ab. Wie hatte ich nur daran denken können, diesen wundervollen Mann zu verlassen!

Ich wurde bald wieder schwanger. Ich war außer mir vor Freude, ich strahlte vor Glück. Mein Mann reagierte natürlich verhalten. Dann hatte ich eine Fehlgeburt. Er schien erleichtert. Ich war unendlich enttäuscht. Drei Jahre später, ich war inzwischen 42, nochmal das Gleiche. Schwangerschaft, Fehlgeburt in der 14. Woche, viele Tränen bei mir, Erleichterung, die er zu verbergen versuchte, bei ihm. Dass unsere Reaktionen so unterschiedlich waren, war natürlich kein Wunder, aber es war trotzdem eine Zerreißprobe für uns. Er versuchte mich zu trösten, aber ich wusste, dass er meine Enttäuschung nicht nachfühlen konnte. Meine Traurigkeit und seine Erleichterung hatten denselben Ursprung. Ich fühlte mich einsam und unverstanden. Dieses Spannungsfeld wurde zu einer großen Belastung.

Die biologische Uhr, wie man so sagt, tickte, und Monat für Monat verstrich, ohne dass ich wieder schwanger wurde. Als mit 45 meine Periode unregelmäßig wurde, wusste ich, dass ich nun abschließen musste.

Ich begann mich zu beschäftigen, mich abzulenken. Schaute nicht mehr in Kinderwägen, sah weg, wenn ich Schwangeren begegnete. Mied Spielplätze, machte einen Bogen um Kindergärten und Schulen und andere Orte, wo viele Kinder waren. Gab Kontakte zu Freundinnen auf, die Kinder hatten. Richtete mich in einer Welt der Kinderlosen ein.

Ich bin heute nicht unzufrieden mit meinem Leben. Wir haben ein schönes Haus, sind beide gesund, verhältnismäßig wohlhabend. Wir sind kulturell sehr interessiert, gehen viel aus, in Konzerte, in die Oper, in Vernissagen, in

Lesungen. Unsere Liebe hat sich vertieft. Es vergeht kaum ein Tag, den wir getrennt verbringen. Wir sind aufeinander eingespielt, wie es alte Ehepaare eben sind.

Ich habe Glück gehabt in meinem Leben. Ich habe eine tiefe Liebe erlebt, das ist das größte Geschenk meines Lebens. Trotzdem bleibt diese Lücke, die das Kind, das ich nicht hatte, hinterließ. Ich leide nicht ständig darunter, ich bin froh und mag mein Leben. Und trotzdem gibt es da diesen Verlust, der ist wie eine graue Zone in meiner Biografie. Das Graue muss ich in Schach halten, das will ich nicht an die Oberfläche lassen. Ich habe inzwischen keine engeren Freunde mehr, die Kinder haben. Ich gehe der Konfrontation mit meinem ungelebten Traum immer noch aus dem Weg.

»Ich mag mein Leben. Und doch ist da dieser **ungelebte Traum** ...«

Es fällt mir immer noch schwer, Familien zu sehen. Heute sind es nicht mehr die jungen Familien, heute sind es die Großmütter mit Kinderwagen, deren Anblick mir einen Stich versetzt. Gestern habe ich ein Großelternpaar gesehen. Sie schob den Buggy, er lief mit kleinen Schritten nebenher, das Kind schlief. Sie waren wohl spazieren mit ihrem Enkelkind. Sie sahen müde aus, erschöpft, aber auch stolz. Die beiden erschienen mir wie eine in Jahren aufeinander eingespielte Einheit. Ein Bild einer Gemeinsamkeit, die ich nicht erleben werde. Ich habe sie mit Wehmut betrachtet und war wieder ein wenig traurig.«

Schicksalsgefährtinnen finden

Es ist unendlich erleichternd und beglückend, auf Menschen zu treffen, von denen man sich wirklich verstanden fühlt. Meistens sind das Menschen, die Ähnliches erlebt haben, die die eigenen Erfahrungen teilen und die vielleicht schon Wege gefunden haben, mit einem vergleichbaren Schicksal umzugehen. Aus ähnlich bewältigten Erfahrungen können tiefe Freundschaften entstehen. Aber darum geht es nicht in erster Linie.

Der Austausch mit anderen Betroffenen, zum Beispiel in Selbsthilfegruppen, kann in bestimmten Phasen sehr wohltuend sein, auch wenn es keine Verbindung über das gemeinsame Schicksal hinaus gibt. Seit immer mehr Menschen auch einen privaten Internetzugang haben, ist es sehr einfach geworden, sich niedrigschwellig mit anderen auszutauschen, die mit den gleichen Problemen kämpfen wie man selbst.

Am Ende dieses Buches finden Sie eine Auflistung empfehlenswerter Netzadressen. Foren wie zum Beispiel auf der sehr informativen Seite www.wunschkinder.net haben viele Vorteile: Man kann zunächst still mitlesen, ohne selbst in Erscheinung treten zu müssen. Liest von demselben Kummer, derselben Verzweiflung, derselben Traurigkeit, mit der man selbst zu tun hat. Liest auch von anderen, die vielleicht schon einige Schritte weiter sind in der Bewältigung, lernt ihre Strategien und Ansatzpunkte kennen und nimmt vielleicht Anregungen mit. Wer selbst mitschreibt, hat noch einen weiteren Vorteil: Schreiben bedeutet, die schwirrenden Gedanken in logische, verständliche, aufeinanderfolgende Sätze zu packen, nach Worten für diffuse Gefühle zu suchen, sie zu bündeln und sich dabei selbst klarer zu werden, welches Thema gerade im Vordergrund steht. Auch das hilft dabei, schwierige Phasen zu bewältigen und wieder nach vorne zu blicken. Fast immer werden verständnisvolle Antworten und Anregungen kommen, neue Gesichtspunkte und Ideen. Und selbst wenn dort nur steht: »Mir ging es wie dir: Lass dich mal umarmen«, dann heißt auch das: Ich bin nicht allein.

Wenn Krisen akut werden – Psychotherapie

Schwierige Lebensphasen bringen Verunsicherungen mit sich. Was bisher selbstverständlich erschien, muss neu durchdacht werden. Alte Konflikte und ungeheilte Verletzungen werden nach oben getragen, ja es kann so weit gehen, dass durch den Umbruch die gesamte Identität in Bewegung gerät und ihre Konturen verliert. Da bekommt man leicht das Gefühl, den Überblick zu verlieren und das eigene Leben nicht mehr fest und sicher in der Hand zu haben. Hilfe in solchen Situationen bietet eine Psychotherapie.

Oft wird Psychotherapie als Aufarbeitung der Vergangenheit verstanden. Doch das ist zu kurz gedacht. In schwierigen Lebensphasen muss nicht unbedingt die gesamte Lebensgeschichte neu aufgerollt werden, auch wenn das aufschlussreich und hilfreich sein kann. Wichtiger ist eine Begleitung, die dabei hilft, sich neu zu orientieren und vielleicht die Blickrichtung auf die Gegenwart zu verändern oder zu weiten. So kann man erkennen, wo Fähigkeiten schlummern, die bei der Bewältigung der Situation noch nicht ausreichend eingesetzt wurden. Das tut sehr gut, weil es einem hilft, aus der passiven Rolle dessen, dem Schlimmes widerfahren ist, herauszufinden und sich selbst wieder als aktiv Handelnden zu begreifen, der sich den Herausforderungen, die das Leben bietet, stellt und Wege findet, um mit ihnen zurechtzukommen.

In Deutschland bezahlen die gesetzlichen Krankenkassen verschiedene Formen der Psychotherapie bei psychischen Störungen mit Krankheitswert: die Psychoanalyse, die tiefenpsychologisch fundierte Therapie oder die Verhaltenstherapie. Andere Formen, wie zum Beispiel Gestalttherapien müssen im ambulanten Bereich ggf. aus eigener Tasche bezahlt werden. Auch die privaten Krankenversicherungen finanzieren Psychotherapien, allerdings nach ihren eigenen Regeln und Verträgen, sodass vorab ein Gespräch mit der Kasse stattfinden sollte.

Welche Behandlung im Einzelfall die richtige Wahl ist, kann der Laie schwer beurteilen. Oft herrscht schon Verwirrung über die verschiedenen Berufsbezeichnungen: »Psychologische Psychotherapeuten« haben Psychologie studiert und anschließend eine mehrjährige Zusatzausbildung zum Psychotherapeuten absolviert. Auch »ärztliche Psychotherapeuten« haben diese Weiterbildung, allerdings auf der Basis eines Medizinstudiums. Psychiater sind Fachärzte für Psychiatrie und haben gelernt, sich Erkrankungen der Seele und des Geistes eher von der körperlich-biologischen Seite her zu nähern. Um psychotherapeutisch zu arbeiten, müssen auch sie die Zusatzausbildung absolvieren. Psychotherapeuten nach dem Heilpraktikergesetz haben in der Regel weder Psychologie noch Medizin studiert, sondern einen Kurs an einer Heilpraktikerschule mitgemacht und eine Prüfung abgelegt.

Oft führt der erste Weg zu einem Verhaltenstherapeuten, weil diese Form als schneller gilt. Es kann aber auch passieren, dass der zunächst angesprochene Therapeut einen Klienten an einen Kollegen einer anderen Disziplin weiterschickt. Viele niedergelassene

Psychotherapie kann helfen, den Blick wieder auf die Gegenwart zu richten.

PsychotherapeutInnen kombinieren in der Praxis Methoden der einzelnen Therapieformen und haben damit gute Erfolge.

Wer bei einer gesetzlichen Krankenkasse versichert ist, hat grundsätzlich freie Wahl unter allen kassenzugelassenen Psychotherapeuten und kann – auch ohne Überweisung des Hausarztes – direkt einen Termin vereinbaren. Der Therapeut oder die Therapeutin stellt dann fest, ob eine psychische Erkrankung vorliegt, wickelt das Antragsverfahren mit der Krankenkasse ab und behandelt selbstständig.

Die ersten Stunden gelten dabei als »probatorisch«. Jetzt wird die Diagnose gestellt, und gleichzeitig bieten die ersten Stunden Gelegenheit, sich gegenseitig kennenzulernen und zu sehen, ob die Chemie zwischen Klientin und TherapeutIn stimmt. Für eine vertrauensvolle und erfolgreiche Zusammenarbeit ist das sehr wichtig. Für die probatorischen Stunden sollte man sich deshalb Zeit lassen und genau hinspüren, ob man sich vorstellen kann, sich mit diesem Therapeuten oder dieser Therapeutin auf die Reise ins eigene Innere einzulassen. Im Zweifelsfall ist es besser, abzusagen und einen anderen Therapeuten zu suchen. Denn Widerhaken, die schon zu Beginn spürbar sind, werden im Laufe der Therapie mit Sicherheit an die Oberfläche kommen und unter Umständen den Therapieerfolg vereiteln.

Viele weitere Informationen und Links zur Therapeutensuche bietet zum Beispiel www.bdp-verband.org, die Homepage des Berufsverbandes Deutscher Psychologinnen und Psychologen.

Ungebetene Ratschläge und vorgefasste Meinungen

Ines, 44 Jahre: »Mich hat es immer belastet, dass jeder, der von unserer Kinderlosigkeit wusste, auch sofort einen Rat parat hatte. Ich hatte dann immer das Gefühl: Ich mache mir solchen Stress und bin selbst daran schuld, dass es nicht klappt. Das hat mich richtig verzweifeln lassen.«

»Einfach loslassen, dann klappt's schon!« »Fahrt doch mal in Urlaub!« »Du darfst dich nicht zu sehr darauf versteifen!« Frauen mit Kinderwunsch bekommen Ratschläge wie diese häufig zu hören, garniert mit hübschen Anekdoten: Da entschloss sich das Paar X zur Adoption – und schon wurde die Frau schwanger. Da trat Frau Y eine neue, anspruchsvolle Arbeitsstelle an – und bald darauf meldete sich das lang ersehnte Baby an. Da begann Frau Z eine Psychotherapie – und Bingo!

Jeder kennt solche Geschichten. Für Frauen, die ihre Kinderlosigkeit noch nicht vollständig akzeptieren und verarbeiten konnten, ist es schwierig, in der Öffentlichkeit und im privaten Rahmen dauernd mit dem Thema Familie konfrontiert zu werden. Seine Präsenz in der Politik und der Gesellschaft sind nicht leicht zu verkraften. Noch schwerer zu verkraften sind ungebetene Ratschläge und Kommentare aus der Umgebung, unbedachte Worte, die zum eigentlichen Kummer neue Kränkungen und Verletzungen hinzufügen.

Dorothea, 58 Jahre: »Ich habe damit zu kämpfen, dass ich mich gesellschaftlich ausgegrenzt fühle, weil sich alles um Familien mit Kindern dreht. Wir sind nicht wirklich integriert.

Ganz besonders fällt mir das in der katholischen Kirche auf. Ich bin damit aufgewachsen, mich kirchlich zu engagieren, von der Jugendgruppe an. Ich war immer Mitglied in kirchlichen Organisationen und in dem Dorf, in dem wir wohnen, spielt das kirchliche Leben eine große Rolle. Ein Jahr nach meiner Hochzeit bin ich vom Pfarrer mehrmals angesprochen worden, wann bei uns endlich der Nachwuchs käme. Das war damals ganz normal, heute würde man sich das verbitten. Damals habe ich geheult.«

Die Ursachen für Unfruchtbarkeit sind vielfältig: Probleme beim Transport von Samen oder Eizellen, hormonelle Störungen, genetische Probleme – teils liegen die Ursachen allein bei der Frau, teils allein beim Mann. Bei vielen Paaren sind beide betroffen. Gründliche Untersuchungen bei Kinderwunschexperten schaffen häufig ein ganzes Bündel an Ursachen und Erschwernissen ans Tageslicht. Doch bei über 10 Prozent aller Paare wird eine körperliche Ursache nicht gefunden. Fachleute sprechen dann von idiopathischer Sterilität, also einer Unfruchtbarkeit ohne erkennbare Ursache.

In diesen Fällen sind Freundinnen, Schwiegermütter, Kollegen, Nachbarn und andere selbst ernannte ExpertInnen schnell bei der Hand, psychische Gründe zu suchen. Häufig sind es solche, die die Ursachen der Unfruchtbarkeit in nebulösen seelischen oder gar karmischen Untiefen ausloten. Es ist noch nicht lang her, da setzte die Psychoanalyse noch eins drauf und betrachtete Kinderlosigkeit als Ausdruck der inneren Abwehr gegen ein eigenes Kind oder sah zumindest das mächtige Unbewusste in der kinderlosen Frau, dem kinderlosen Paar, im Widerspruch zum bewussten Kinderwunsch.

Elisabeth, 53 Jahre: »Einmal sagte mir eine Bekannte, die sehr esoterisch ist, dass es einen tieferen Sinn hätte, wenn ich kinderlos bliebe. Es habe mit meinem Karma zu tun, also mit den Umständen eines früheren Lebens, dass sich meine Seele entschlossen habe, in diesem Leben keine Kinder zu bekommen. Ich sollte mich damit beschäftigen, worin dieser Sinn bestehe und welche Aufgabe ich mit meiner Kinderlosigkeit zu erfüllen hätte.«

Aus einem *Kinderwunsch-Forum* im Internet: »Die Kinderseele sucht sich die Eltern aus und nicht umgekehrt; wenn es bei euch nicht klappt, habt ihr die Kinderseele noch nicht genügend überzeugt, sich gerade euch als Eltern auszusuchen.«

Rita, 46 Jahre: »Als ich nach meiner zweiten Fehlgeburt tieftraurig war, fragte mich eine Freundin, selbst Mutter von drei Kindern, ob es da nicht etwas in mir gäbe, das sich gegen eigene Kinder wehrt. Sie meinte, ich wolle vielleicht unbewusst kein Kind. Ich war entsetzt. Wenn sie mich geschlagen hätte, wäre es nicht anders gewesen. Das, was ich mir am sehnlichsten wünschte, sollte ich innerlich

128

ablehnen. Es hat lange gedauert, bis ich mich von diesem schrecklichen Gedanken erholt hatte.«

Es ist modern geworden, ungewollte Kinderlosigkeit undifferenziert zu psychologisieren. Dass Fruchtbarkeit von vielen Faktoren mitbestimmt wird und psychische Probleme dabei tatsächlich eine Rolle spielen ist bekannt: Stress zum Beispiel, privater oder beruflicher Druck – auch der Druck, ein Kind zu bekommen – kann zu deutlichen Schwankungen im Hormonhaushalt führen und damit zu Störungen der Fruchtbarkeit bei Männern wie bei Frauen.

Doch ansonsten weiß man: Menschen mit unerfülltem Kinderwunsch sind psychologisch genauso unauffällig oder auffällig wie andere auch. »Zwar gibt es in Einzelfällen psychische Ursachen der Kinderlosigkeit, bei den allermeisten ungewollt kinderlosen Paaren gibt es aber keine innere seelische Blockade, die eine Schwangerschaft verhindert. Der Einfluss der Psyche (...) wird weitgehend überschätzt«, schreibt der Heidelberger Psychoanalytiker und Psychotherapeut Tewes Wischmann, einer der ausgewiesenen Kinderwunsch-Experten der Bundesrepublik. (Wischmann/Stammer 2006)

Bei den wenigsten kinderlosen Paaren ist eine innere Blockade schuld.

Trotzdem ist die laienhafte Psychologisierung der Kinderlosigkeit (und anderer schicksalhafter Ereignisse) nicht totzukriegen, trotzdem finden sich die abenteuerlichen Erklärungen heute noch in vielen Ratgebern, inklusive der besonders perfiden, die die Ursachen der Fruchtbarkeitsstörung in vorangegangenen Generationen suchen und ungewollte Kinderlosigkeit als Entwicklungshemmung begreifen, die Familiengeheimnissen oder dem lieblosen Umgang in der Herkunftsfamilie geschuldet sind.

Wenn das stimmte, wie wäre es zu erklären, dass gerade in unterentwickelten Ländern mit schlimmen Lebensbedingungen die Geburtenrate so hoch ist? Ebenso in vielen Ländern, in denen Mädchen wie Menschen zweiter Klasse behandelt, benachteiligt und abgelehnt werden. Und trotzdem wachsen sie heran und werden Mütter! Wie wäre zu erklären, dass auch bei uns Frauen, die aus schädigenden Herkunftsfamilien stammen oder in schwierigen Beziehungen leben, Kinder bekommen? Das alles wären Situationen, in denen die Psyche guten Grund hätte, den Körper unfruchtbar sein zu lassen.

Die seriöse Forschung konnte bisher nichts ans Tageslicht befördern, das derartige Erklärungsansätze stützt. Dass sie sich trotzdem so hartnäckig halten, hat mit der Angst des Menschen vor dem Unerklärlichen zu tun: Dinge, die sich nicht durchschauen lassen, lösen bei Unbeteiligten diffuse Ängste aus – Ängste, dass ihnen selbst Unerklärliches zustoßen könnte und sie trotz Vorsorgeuntersuchungen, Lebensversicherungen und Alarmanlagen keine Garantie haben, dass nichts Schlimmes in ihrem Leben passiert. Erklärungen und gute Ratschläge, und seien sie noch so an den Haaren herbeigezogen, machen da die Welt wieder übersichtlicher und weniger bedrohlich. Sie schaffen Distanz zu den großen Fragen. Deshalb sind viele Mitmenschen so schnell damit bei der Hand: Es ist einfacher, in gescheiten Worten zu analysieren und zu interpretieren, als sich der bodenlosen Unsicherheit hinzugeben, dass unser Leben Unwägbarkeiten kennt, die sich weder erklären noch begreifen noch lösen lassen.

Erklärungen und Ratschläge, so gut sie vordergründig gemeint sein mögen, fügen dem eigentlichen Kummer häufig einen weiteren hinzu. Ganz besonders gilt das, wenn sie den Schicksalsschlag in die Verantwortung des Betroffenen verweisen. Wer sich davon nicht abgrenzen kann, leidet dann doppelt: am Schicksal und am quälenden Gefühl, selbst daran schuld zu sein.

Leider sind weder Dummheit noch Übergriffigkeit auszurotten. Deshalb kommt es vor allem darauf an, wie gut man sich abgrenzen kann. Viele Ratgeber empfehlen Kinderwunschpaaren: »Sie sollten sich von Anfang an Gedanken darüber machen, welche ›Öffentlichkeitspolitik‹ Sie vertreten wollen. (...) Wappnen Sie sich gegen indiskrete Fragen und sogenannte gut gemeinte Ratschläge.« (Wischmann/Stammer 2006, S. 168)

Wenn Sie nicht möchten, müssen Sie mit niemandem über Ihre Seelenlage sprechen, auch nicht mit Ihrer Mutter, und schon gar nicht mit Ihrem Nachbarn oder dem Kegelkumpel Ihres Mannes. Allein Sie entscheiden darüber. Der Satz »Ich möchte nicht darüber sprechen« reicht aus. Begründen oder rechtfertigen müssen Sie sich nicht. Lassen Sie sich nicht in Diskussionen verwickeln, warum *Bereiten Sie sich auf gut gemeinte Ratschläge vor.* Sie nicht darüber sprechen wollen, sondern wiederholen Sie den Satz. Wenn es sein muss, auch fünfmal. Irgendwann kapiert es auch der aufdringlichste Nachbar.

Auf unerbetene Ratschläge könnten Sie antworten: »Ich kenne diese Erklärungen. Ich sehe es trotzdem anders.« Punkt. Sie müssen nicht erklären, wie Sie es sehen. Wechseln Sie einfach das Thema.

Bei Menschen, die Ihnen nah und wichtig sind, kann es gut sein, wenn Sie Ihre Gefühle formulieren, zum Beispiel: »Mich verletzt es, wenn du mir Erklärungen anbietest, ohne dass ich darum gebeten habe. Frage mich lieber, was ich denke oder erzähle mir von dir.«

Manche Kinderwunschpaare erzählen auch von wirklich unverschämten Einmischungen: »Vielleicht solltest du dir einen anderen Partner suchen?«, an die Frau gerichtet, oder an den Mann: »Kriegst du das nicht hin? Soll ich's mal für dich machen?« Sollten diese Sätze von Menschen kommen, an denen Ihnen etwas liegt, und sollte Nachsicht und Geduld zu Ihren herausragenden Eigenschaften zählen, können Sie freundlich erklären, dass Sie keinen anderen Partner wollen und warum Sie das machohafte Angebot ärgert. Einfacher ist es aber, das Gespräch an dieser Stelle abzubrechen. Fangen Sie keine Diskussionen an – das ist bei derart unsensiblen Zeitgenossen blanke Energieverschwendung.

Denken Sie daran: Weder Sie noch Ihre Partnerschaft sind weniger wert, nur weil Sie keine Kinder haben.

Das Leben
gestalten

Kinder zu bekommen und großzuziehen stillt viele Bedürfnisse, die im Menschen durch die Natur, durch Erziehung und Sozialisation angelegt sind: Kinder bringen Leich-
tes, Spielerisches ins Erwachsenenleben, Wärme, Lachen und
Spaß und Unfug. Kinder sind ein Bindeglied zur Zukunft.
Kinder sind anregend und stellen originelle Fragen, über die
man sich den Kopf zerbrechen kann. Kinder staunen und
Kinder wundern sich über die Welt. Kinder brauchen und
erlauben Fürsorglichkeit, Liebe, körperliche Nähe, mit Kindern kann man schmusen, toben, kitzeln. Kinder leben nach
dem eigenen Tod weiter, es bleibt etwas in der Welt zurück.
Kinder sind auch anstrengend und fordernd. Kinder geben
dem Leben Form und Struktur und ihren Eltern das Gefühl,
etwas wirklich Sinnvolles zu leisten. Kinder machen ihren
Eltern Sorgen und Kinder sind eine Riesenverantwortung,
der man sich nicht entziehen kann. Es ist diese Verantwortung, die Entwicklungsanreize setzt und Eltern, wenn sie
sich darauf einlassen, inneres Wachstum ermöglicht.

All das und vieles mehr ermöglichen Kinder ihren Eltern – ein wunderbares Geschenk. Viele kinderlose Menschen fühlen sich um diese Chancen betrogen. Doch das

muss nicht sein. Natürlich gibt es auch andere Möglichkeiten, diese Bedürfnisse zu stillen und ihnen Raum zu geben.

Rosmarie: Wer nicht allein leben kann, kann auch nicht mit anderen leben

Kinder gibt und gab es viele in ihrem Leben. Wer Rosmarie, 67, zuhört, bekommt Sehnsucht: nach der Geborgenheit einer großen Familie, in der jeder seinen Platz hat, nach Zusammenhalt und Gemeinschaft, nach Trubel und gemeinsamen Herausforderungen. Rosmarie stammt aus einer Tiroler Großfamilie, wo es drei Geschwister gab, dazu Cousinen und Cousins aller Alterstufen, eine Familie, in der Zusammenhalt und Gemeinschaft wichtige Begriffe waren. Gemeinsam wurde gearbeitet, gemeinsam gefeiert. Die Mutter, eine selbstständige Frau mit dem Mut, eigene Wege zu gehen, brachte ihnen bei, sich füreinander verantwortlich zu fühlen. In dieser Familie galt die Zuversicht: Was kommt, werden wir gemeinsam schaffen!

»Wenn ich jemanden geheiratet hätte und der sich eine Fußballmannschaft voller Kinder gewünscht hätte, dann hätte ich heute eine Fußballmannschaft«, sagt Rosmarie. Doch Rosmaries Mann Bernhard wollte keine Kinder: Er hatte die Schrecken des Zweiten Weltkriegs in München erlebt, die Angst vor den Bomben, die Sorgen der Mutter, die Evakuierung nach Niederbayern, den Hunger der Nachkriegszeit. Tief von den Gräueln der Zeit geprägt zog er die Konsequenz: Nein, das darf man Kindern nicht antun.

Kinder sollten in Rosmaries Leben immer eine Rolle spielen – die Kinder ihrer Geschwister, die Schulkinder, die sie erst in Tirol, später an einer Münchner Hauptschule unterrichtete, die fünf Patenkinder, jetzt die Großnichten und -neffen.

Rosmarie ist Lehrerin. Vier Jahre unterrichtete sie als junge Frau in einer einklassigen Bergschule, auf 1000 Metern Höhe: Die Kinder kamen aus allen Richtungen, bergauf oder bergab, zum Teil mit langen Fußwegen über felsige, im Winter verschneite Steige. Von der ersten bis zur achten Klasse saßen sie in einem Raum, jeweils zwischen 18 und 24 Kinder. »Das ist wie eine Familie«, erinnert sich Rosmarie. »Man weiß, die Kinder kommen von weither, durch den tiefen Schnee im Winter, blau gefroren, mit Eisklumpen bis zum Knie an den Lodenhosen, winters wie sommers nur ein rot kariertes Hemd an. Die konnten so verfroren nicht schreiben, also habe ich sie erst einmal an den holzgeschürten Ofen gesetzt, um sie aufzuwärmen.«

Da ging es gar nicht anders, als den menschlichen, emotionalen Bezug herzustellen, als die Kinder ins Herz zu schließen, »sich zu kümmern und ihnen auch das zu geben, was sie daheim nicht bekamen, das Feiern, die Leichtigkeit«. Zum Nikolausabend zum Beispiel – da kam Rosmaries Mutter verkleidet auf den Berg, im Sack ein paar Gaben. »Es waren Kinder, die hart arbeiten mussten auf den Bergbauernhöfen. Sie kamen gern zur Schule, weil sie dann zu Hause nicht arbeiten mussten. Es war schön, ihre Freude an Kleinigkeiten, auch ihre Dankbarkeit, zu erleben.«

Zu dieser Zeit hatte Rosmarie den Münchner Künstler Bernhard bereits kennengelernt. Die Beziehung wuchs zwischen München und Tirol, Briefe gingen über die Berge, es gab viele Besuche. In dieser Zeit wurde immer wieder eingehend über Kinder gesprochen. Bernhard erklärte und begründete, seine Entscheidung war eindeutig. Rosmarie versuchte, ihn zu verstehen. Heute sagt sie: »Ich glaube, ich bin ein Typ, der sich manchmal zu sehr anpasst.«

Das ist schwer zu glauben bei dieser begeisterungsfähigen, lebhaften, umfassend interessierten Frau, die wöchentlich zum Chor geht, seit Jahrzehnten musiziert, die Spanisch, Englisch, Französisch, Italienisch spricht. Japanisch steht noch auf ihrer Wunschliste. Die sich von Musiktheorie herausfordern lässt und von Musikbearbeitung am PC. Bernhard ist stiller, in sich gekehrt, nimmt sich aber einfühlsam und verständnisvoll Zeit, wenn jemand aus der Familie oder dem Freundeskreis Sorgen hat. Der Trubel von Rosmaries Großfamilie jedoch, die sich mehrmals pro Jahr in den Ferien im Tiroler Haus zusammenfindet, wird ihm schnell zu viel. Dann zieht er sich zurück.

Ganz anders Rosmarie: »Ich liebe den Trubel.« Wenn sie nach Tirol kommt, taucht sie ein ins Familienleben. »Ich bin die Tante, die Zeit hat, die Geschichten erzählt, die die Eltern entlastet.« Die Bücher mitbringt und Spiele, die Triangeln, Kastagnetten und Trommeln im Gepäck hat, damit alle zusammen Musik machen können. Die mit den Kindern lebt und leidet und sich an ihnen freut. Die abends Erziehungsprobleme bespricht, offen ist für die Sorgen, sich verantwortlich fühlt. Die sich auch um die schon erwachsenen Kinder kümmert. Sie

»Ich bin die Tante, die immer ein *offenes* *Ohr* hat.«

hat ein offenes Ohr, Geduld und Einfühlungsvermögen. Und die Zeit, sich Probleme anzuhören, auch wenn es bis in die Nacht dauert. »Oft hilft ja der Blick von außen. Man kann ausgleichen, kann ausloten, wo Schwierigkeiten liegen.

Ich fühlte mich mitverantwortlich, so war es einfach in unserer Familie. Wenn ein Kind mir anvertraut ist, dann muss ich auch da sein, wenn es Schwierigkeiten gibt. Ausklinken kann man sich nicht, das geht nicht.«

»Hätte ich nicht so viel in meinem Leben mit Kindern zu tun gehabt, könnte es sein, dass ich es vermissen würde. Aber in der Großfamilie gab es keine Zeit, kein Jahr, in der nicht Kinder da waren, die ich betreut habe und die um mich waren.« Es machte Spaß, die Kinder bei ihrer Entwicklung zu begleiten, und es machte Spaß und tat gut, angefragt zu sein.

So war es auch, als sie in München an der Hauptschule unterrichtete. Siebte bis neunte Jahrgangsstufe, ein gefürchtetes Alter, in dem die Jugendlichen mit der Pubertät zu kämpfen haben und mit ihren schlechten Zukunftsaussichten. Auch hier übernahm sie Verantwortung für ihre Schüler, führte Gespräche mit den Eltern und Kindern. »Dabei bekommt man alles mit, nicht nur die Freuden, die Kinder bringen. Auch alle Probleme und Sorgen, die es da gibt. Das Unterrichten war sehr wichtig für mich und ich habe das mit vollem Einsatz gemacht. Da wäre gar kein Platz geblieben für eigene Kinder.«

Sie selbst bemerkte schon bald nach ihrer Hochzeit, dass Frauen, die keine Kinder bekommen konnten, bedauert wurden. »Wer keine Kinder hatte, stand außerhalb. Man war mit einem Makel behaftet. Ich habe außerhalb der Familie und des internen Freundeskreises über unseren Entschluss, kinderlos zu bleiben, wenig gesprochen. Ich habe auch festgestellt, dass Eltern schnell in Rechtfertigungsdruck kommen, wenn man erzählt, warum man keine Kinder bekommt. Dass sie dann denken, sie müssten begründen, warum sie trotzdem welche haben. Da entstehen schwierige Situationen. Ich habe nicht oft versucht zu erklären oder zu begründen. Ich ja will keinen verletzen«, sagt sie nachdenklich. »Es gibt keine objektiv richtige Entscheidung bei diesem Thema. Jeder muss sie für sich treffen, und jeder muss damit leben.«

Rosmarie leidet nicht darunter, dass sie keine eigenen Kinder hat. »Es gibt immer Momente, wo man sich fragt: War das richtig, diese Entscheidung? Aber Entscheidungen fällt man zu einem bestimmten Zeitpunkt, in einem bestimmten Alter, in einem bestimmten Umfeld. Damals war diese Entscheidung für uns richtig. Und es wäre nicht richtig zu sagen: Hätte ich doch ...«

Trotzdem tauchen manchmal Fragen auf: »Es gibt auch Momente, da frage ich mich: Was wäre, wenn ... Was wäre, wenn ich Kinder gehabt hätte? Was wäre in unserer Ehe passiert? Jetzt, wo ich älter werde, kommt auch der Gedanke an die Einsamkeit. Bisher hatte ich kaum Zeit genug, um das Gefühl zu bekommen, allein zu sein. Ich sehe aber natürlich: Bei den anderen sind die Kinder da. Aber ich weiß auch, dass Kinder keine Garantie sind, im Alter nicht einsam zu sein. Ich sage mir: Wer nicht allein leben kann, kann auch nicht mit anderen leben.«

Freunde

Anita, 49 Jahre: »Meine beste Freundin kenne ich seit der Schulzeit. Wir haben alles zusammen gemacht. Zusammen gelernt, zusammen gespielt, zusammen die ersten Freundschaften mit Jungs erlebt. Wir waren immer füreinander da. Sie war meine Trauzeugin, ich ihre. Wenn ich mich freue, rufe ich sie an, wenn ich Ärger habe auch. Oft weiß sie viel früher, was in mir vorgeht als mein Mann. Sie ist mir so wichtig wie er. Vielleicht sogar wichtiger. Das ist schwer zu sagen.«

Gute Freunde zu haben, ist ein unermesslicher Reichtum. Menschen, mit denen man lacht und weint, denen man vertraut, auf die man sich verlassen kann, für die man da ist, schenken ein emotionales Zuhause. Darum haben Freundschaften einen bedeutenden Stellenwert für die Lebensqualität. In Umfragen wird das immer wieder betont: Gute Freunde gehören neben einem harmonischen Familienleben und guter Gesundheit zu den wichtigsten Spendern von Glücksgefühlen. Und nicht nur das: Wissenschaftliche Untersuchungen haben auch ergeben, dass schon ein einziger guter Freund dazu beitragen kann, dass man sich nach einer schweren Krankheit wie Krebs wieder erholt. Freundschaften machen das Leben nicht nur schöner, sondern auch länger.

Gerade für kinderlose Menschen haben Freunde einen sehr hohen Stellenwert. Ein Kreis vertrauter Menschen, in dem man sich zugehörig und geborgen fühlt, kann eine Alternative zur klassischen Familie sein – eine Alternative, die Eltern oft nicht haben, weil die Kinder alle Aufmerksamkeit binden und ihnen die Zeit fehlt, um Freundschaften zu pflegen.

Marion, 42 Jahre: »Wir telefonieren jeden Tag und sehen uns mindestens zweimal pro Woche. Sie weiß, wann ich einen Arzttermin habe und warum. Sie greift zum Geschirrtuch, wenn sie kommt und ich gerade abspüle. Sie kennt sich in meinem Haus aus und ich mich in ihrem. Sie weiß, wo der Kartoffelschäler liegt, wo die frischen Handtücher sind und wo sich Kopfschmerztabletten befinden. Es ist ein ganz selbstverständlicher Umgang, den wir miteinander haben. Sie ist wie eine Schwester für mich.«

Freundschaften aufzubauen und zu pflegen, damit tun sich Frauen in der Regel leichter als Männer. Der Schweizer Psychologin Verena Kast (1997) zufolge, die zu den wenigen gehört, die sich wissenschaftlich mit Frauenfreundschaften beschäftigt haben, liegt das auch daran, dass Männer prinzipiell stärker miteinander rivalisieren – was dem Aufbau von Nähe und Vertrautheit im Weg steht. Männer machen Probleme mit sich allein aus, reden erst darüber, wenn die schwierige Phase schon vorbei ist, tun sich besonders schwer damit, um Hilfe und Unterstützung zu bitten, weil sich das Eingeständnis der Schwäche anfühlt wie eine Niederlage. Kast: »Frauen wissen genau, wo sie Hilfe bekommen, und ihr Selbstwertgefühl leidet nicht, wenn sie Hilfe anfordern.«

Zudem haben Männer gar nicht so sehr das Bedürfnis, sich auszutauschen: Studien zeigten, dass Männer in ihren Liebesbeziehungen emotional besser aufgehoben sind als Frauen. (Ehe-)Männer werden rundum versorgt – für Wärme, Liebe, Verständnis, Anerkennung, seelische Unterstützung sorgt die Partnerin. Doch sie bekommt meist nicht so viel zurück, wie sie investiert: Frauen finden, das sagen Studien, die meiste Unterstützung nicht bei ihrem Partner, sondern bei ihren Kindern – und eben bei Freundinnen.

Freundschaften pflegen

Wer sich mit wem besonders gut versteht, das lässt sich kaum vorhersehen. Für Freundschaften gilt, ebenso wie für Liebesbeziehungen, dass Gleichartigkeit anziehend wirken kann, Gegensätze aber auch. Je nach Lebensphase mag Ähnlichkeit mal beruhigend wirken, mal langweilig sein, mögen Unterschiede mal verunsichern, mal anregen – alles zu seiner Zeit. Wie schön, dass es so viele verschiedene Menschen gibt!

Wer mit offenen Augen und offenem Herzen durch die Welt geht, wird immer wieder auf Menschen treffen, bei denen es funkt. Unsere Seele weiß mitunter schneller Bescheid als unser Kopf: Wie bei der sprichwörtlichen Liebe auf den ersten Blick, das ergaben psychologische Studien, spüren Menschen schon nach wenigen Minuten, ob aus einer neuen Bekanntschaft eine Freundschaft entstehen kann.

Freundschaften brauchen Pflege. Einer der Werte, die Verena Kast in ihren Untersuchungen herausdestilliert hat, ist die Alltagskultur, all die kleinen Gesten, die ausdrücken: Ich mag dich, ich denk an dich. Das kann der ausgeschnittene Zeitungsartikel über ein Thema sein, das die Freundin gerade beschäftigt. Die witzige Kette, beim Stadtbummel entdeckt, die ihr so gut steht. Der Anruf bei ihr nach einem stressigen Tag, um zu hören, wie es gelaufen ist. Kast: »Diese Aufmerksamkeiten sind von allergrößter Wichtigkeit für eine Lebensatmosphäre, in der man sich wohlfühlen kann.«

Freundschaften pflegen heißt auch, sich mit einem Vorschuss an Vertrauen auf den anderen einzulassen und bereit zu sein, sich zu öffnen. Das fällt vielen nicht leicht:

Sie neigen dazu, anderen Menschen mit großer Vorsicht gegenüberzutreten, und brauchen viel Zeit, um ein wenig Vertrauen aufzubauen.

Misstrauen ist nicht in jeder Situation falsch. Oft genug hat die innere Stimme recht, wenn sie uns vor bestimmten Menschen warnt und zur Skepsis rät. Doch wem es grundsätzlich schwerfällt, sich zu öffnen, wer sich als eher misstrauischen Menschen beschreiben würde, der steht sich beim Aufbau von Freundschaften selbst im Weg. Dann kann es sinnvoll sein, sich darüber klar zu werden, dass Misstrauen keine angeborene Charaktereigenschaft ist, an der nichts zu ändern ist, sondern die Folge von Enttäuschungen in der Vergangenheit. Solange Wunden von solchen früheren Verletzungen noch nicht heilen konnten, bleibt die Angst, wieder verletzt zu werden, und es fällt schwer, sich aufs Neue hin zu öffnen. Deshalb ist es so wichtig, alte Beziehungen zu klären.

Kritische Phasen für Freundschaften sind Lebensübergänge: Wenn die Freundin heiratet, ein Kind bekommt, umzieht, sich von ihrem Partner trennt, schwer erkrankt oder arbeitslos wird, dann stellt das die Freundschaft auf eine Probe. Veränderungen hinterlassen Spuren, manchmal so tief gehende, dass ein Mensch nach einer solchen Umwälzung in seinem Leben nicht mehr derselbe ist wie zuvor: Werte verändern sich, Interessen wechseln, Prioritäten werden neu gesetzt.

Lebensumbrüche verändern oft auch lang-jährige Freundschaften.

Für Freunde wirft das verunsichernde Fragen auf: Bin ich noch wichtig für den anderen? Haben wir noch genug gemeinsam? Was verbindet uns weiterhin? Manchmal können solche Umbrüche tatsächlich das Ende einer Beziehung bedeuten – dann, wenn die Entwicklungen den einen weiter davontragen, als der andere zu folgen vermag. Das bedeutet nicht, dass die Freundschaft zuvor keine »wirkliche«, keine »echte« Freundschaft war, sondern nur, dass die Wege der beiden sich getrennt haben und die gemeinsame Zeit – vielleicht auch nur vorläufig – vorbei ist. Das ist traurig, aber manchmal nicht zu ändern.

Ines, 44 Jahre: »Als meine beste Freundin schwanger wurde, haben wir den Kontakt verloren. Ich habe damals sehr darunter gelitten, dass sich bei uns kein Baby ankündigte, und ich war so neidisch auf sie. Sie kam mir vor wie eine Verräterin, die mich im Stich lässt. Ich weiß, dass das dumm ist, aber es war so. Ich habe es bei ihr nicht mehr ausgehalten. Allein schon der Anblick dieses runden Bauches fiel mir schwer. Als das Kind da war, hat sie sich sehr verändert. Es ging nur noch um das Kind, sie hatte für nichts anderes mehr Zeit oder Interesse. Sie ging völlig in ihrem Muttersein auf. Jahrelang konnte sie abends nicht weggehen, weil sie ihr Kind weder ihrem Mann noch einem Babysitter anvertrauen wollte. Keiner konnte es ihr recht machen. Plötzlich hatten wir keine Gesprächsthemen mehr. Es war einfach vorbei. Das ist jetzt elf Jahre her. Wir telefonieren zwei-, dreimal im Jahr. Sie hat noch zwei Kinder bekommen und ist eine Vollzeitmutter. Wir haben nichts mehr gemeinsam.«

Es kann sehr belastend sein, wenn der einen Freundin in den Schoß fällt, was sich die andere so sehr wünscht. Viele Frauen ohne Kinder geben Freundschaften und Kontakte auf, wenn ein Baby kommt, oder stellen nach einigen Jahren resigniert fest, dass sich die Lebenswelten so weit voneinander entfernt haben, dass Nähe schwierig oder unmöglich wird. Bitterkeit und Neid mögen dazukommen und das, was ehemals eine Freundschaft war, arg belasten.

Wie man damit umgeht, muss jede Frau für sich selbst herausfinden. Manche Frauen gehen der Begegnung mit dem Nachwuchs der Freundin lieber aus dem Weg, weil er sie zu schmerzhaft an den eigenen Kummer erinnert. Das ist in Ordnung, solange es nicht ohne jede Erklärung geschieht – darauf hat die Freundin ein Recht. Wichtig ist auch, sich seinen Gefühlen zu stellen und kreativ mit ihnen zu arbeiten. Eine gute Freundin wird dann auch Verständnis dafür haben, dass das Zusammentreffen mit einem Baby in manchen Zeiten einfach zu belastend ist. Andere Frauen erzählen, dass sie sich bewusst mit den Kindern der Freundin konfrontiert haben, auch wenn es wehtat, um die neue Situation möglichst rasch ins Leben integrieren und verarbeiten zu können.

Ruth, 78 Jahre: »Ich habe mir keine Eifersucht erlaubt. Als Annelieses Sohn geboren wurde, bin ich abends, nach der Arbeit, zu ihr gefahren und habe mitgeholfen. Man darf sich nicht hinsetzen und erwarten, dass man bedient wird, wenn die andere ein Kind hat. Also habe ich gekocht und geflickt, auch mal geputzt. Für mich war es schön, einfach dabei zu sein. Ich selbst hatte ja keine Familie. Am Anfang kam mir der kleine Stefan schon etwas als Konkurrenz vor. Aber ich wusste ja, der wird größer und unabhängiger. Ich konnte warten.

Mit der Zeit habe ich ihn ins Herz geschlossen, weil er einfach da war, und mich für ihn mit verantwortlich gefühlt. Deshalb habe ich auch sofort zugestimmt, als Anneliese und ihr Mann testamentarisch verfügen wollten, dass Stefan bei mir bleiben sollte, für den Fall, dass ihnen etwas zustoßen würde.

Heute ist Anneliese Großmutter. Das ist wieder eine Erfahrung, die ich nur als Zuschauerin, vom Rand aus mitbekomme und nicht selber mache. Aber heute tut es nicht mehr weh, sicher auch deshalb, weil ich auch zur Familie gehöre und wie ein Familienmitglied behandelt werde. Für das Enkelkind bin ich die Großtante, so wie ich für Stefan die Tante bin. Ich bin dankbar dafür. Jetzt helfe ich ihrem Enkel in Mathe, das kann Anneliese nicht so gut. Dafür backt sie Kuchen und davon bekomme ich auch ein Stück. Es macht mir Spaß. Früher habe ich ihn vom Kindergarten abgeholt oder ab und zu auf ihn aufgepasst. Ich kenne ihn ja seit seiner Geburt, so wie seinen Vater auch.«

Wer eine Freundschaft pflegen und erhalten möchte, wird gerade in sehr bewegten Lebenssituationen versuchen, den anderen nicht aus den Augen zu verlieren. Auch wenn Gespräche dann manchmal mühsam sein mögen und die vertraute Freundin sehr fremd erscheint: Es lohnt sich, ihr zuzuhören, nachzufragen, ihre neuen Wege kennenzulernen, sie ein Stück weit einfühlsam zu begleiten und sich Zeit für die Umgewöhnung zu lassen. Dann können solche Phasen dazu beitragen, eine Freundschaft intensiver werden zu lassen, statt sie zu gefährden.

Nahe, vertrauensvolle Begegnungen mit anderen Menschen können ungemein beglückend sein. Doch manchmal erlahmen alte Freundschaften im Alltagstrott, manchmal werden sie langweilig. Als hätte man sich nichts Wichtiges mehr zu sagen, bleiben Gespräche auf der Oberfläche und bleiben die Themen belanglos, reines Geplauder, Smalltalk.

Geschieht das über einen längeren Zeitraum, wird sich bald die Frage stellen: Was haben wir noch gemeinsam?

Spätestens dann ist der Zeitpunkt da, der Freundschaft zuliebe auch unbefriedigende Gefühle zu zeigen und zu sagen: »Es hat sich etwas zwischen uns verändert, findest du das auch?« Aus solchen Fragen können intensive Gespräche entstehen, in denen beide auf neue Weise miteinander in Kontakt kommen.

Mehr Nähe kann nur durch eine Vorleistung entstehen: Es braucht einen, der sich öffnet, der sagt, was ihm am Herzen liegt, der erzählt, was in ihm vorgeht und worüber er nachdenkt. Einen, der sich traut, seine Gefühle zu offenbaren. Das braucht Mut, aber es kann die Beziehung auf eine neue, tiefere Ebene der Vertrautheit führen. Wer sich nach mehr Nähe sehnt, hat es in der Hand, sie zu erschaffen – vorausgesetzt, der andere wünscht sich das auch.

Silke: Ich weiß, dass ich auch ohne Kinder Spuren hinterlasse

»Ich hatte in den entscheidenden Phasen meines Lebens einfach keinen Mann zum Kinderkriegen.« Silke, 48, ist eine Frau, die nicht um den heißen Brei redet. »Die Männer, die da waren, eigneten sich nicht zum Vater. Mit ihnen wollte ich Spaß und Abenteuer, aber keine Kinder. Ich war ja auch noch jung. Und später dann gab es eine Phase zwischen 35 und Anfang 40, da war ich nicht mit einem Mann zusammen, da fehlte mir die Gelegenheit zum Schwangerwerden. Noch später fühlte ich mich zu alt.« Dass bei diesem Gedanken Trauer emporsteigt, empfindet Silke inzwischen als normal. »Man kann auch um ein Kind weinen, das man nie hatte«, sagt sie. »Ich weiß einfach: Das ist eine Gelegenheit, die ich versäumt habe. Leider.«

Silke hat versucht, aktiv mit der Lücke in ihrem Leben, als die sie ihre Kinderlosigkeit empfindet, umzugehen. Sie machte sich bewusst auf die Suche nach ihrer Kreativität und Stärke. »Eine Zeit lang dachte ich, der künstlerische Bereich wäre der richtige, ich habe einen Kurs nach dem anderen gemacht: Bildhauerei, Aquarellmalen, Töpfern. Es hat Spaß gemacht, aber als sinnvoll habe ich es nicht empfunden.« Sie fing an zu schreiben und ließ es wieder. »Ich fand mich einfach nicht gut«, sagt sie und lacht. »All das war es nicht, was ich der Welt hinterlassen wollte.«

Was dann? Sie schaute sich im sozialen Bereich um: »Ich hatte von so vielen kinderlosen Frauen gehört, die sich engagierten, die in Hospizen arbeiteten oder in der Altenpflege. Das bewunderte ich. Und bewundere es heute noch. Aber ich traue es mir nicht zu.« Sie kümmert sich zwar seit Jahren viel um ihren Neffen, aber sie ist sich klar, dass er sie zwar mag, aber dass er kein Ersatz für ein eigenes Kind sein kann. »Und dass ich natürlich niemals so viel Spuren in ihm hinterlasse wie seine Mutter. Aber das ist okay, Hauptsache, wir haben Spaß miteinander.«

Silke ist es nicht geglückt, die Lücke der Kinderlosigkeit bewusst zu schließen. »Ich kann nichts vorweisen, wovon ich sagen kann: Das sind meine Erfolge, das sind meine Babys.« Was ihr schließlich weiterhalf, waren viele Gespräche mit Frauen im gleichen Alter, Müttern und Kinderlosen. »Ich habe richtig danach gesucht, wo andere ihren Lebenssinn finden. Und ich habe gemerkt, dass Mütter genauso viele Sinnkrisen haben wie Frauen ohne Kinder. Das Leben ist ein Auf und Ab. Es wird immer diese Phasen geben, in denen man sich unglücklich und nutzlos fühlt. Es ist aber offenbar eine Illusion, dass eigene Kinder das verhindern könnten.«

Wenn sie sich heute traurig über ihre Kinderlosigkeit fühlt, dann tut sie sich selbst bewusst etwas Gutes. Geht schwimmen, zur Kosmetikerin oder auf einen Wochenendtrip nach Paris. »Dann versuche ich, bewusst zu genießen, dass ich so spontan sein darf, das ginge niemals, wenn ich Kinder hätte. Ich empfinde das als große Freiheit.« Sie hat über eine Entwicklungshilfeorganisation die Patenschaft für ein Kind in Brasilien übernommen, dessen schulische Ausbildung sie bezahlt und an das sie ein paarmal im Jahr Überraschungspakete schickt. Irgendwann will sie es auch mal besuchen. »Aber das ist nicht so wichtig. Es gibt mir auch so das Gefühl, dass ich ein bisschen soziale Verantwortung übernehme und einen kleinen Beitrag leiste, damit ein Kind bessere Chancen hat.«

»Ich suchte bewusst danach, wo andere ihren **Lebenssinn** *finden.«*

Und Silke kümmert sich um ihre Beziehungen: »Freundschaften sind wichtig für mich, es müssen nicht viele sein. Aber die, die ich habe, pflege ich sorgsam. Ich weiß, dass ich ohne Kind mehr Zeit und Freiräume habe, und deshalb kann und will ich hilfsbereit sein und Menschen unterstützen, die mir wichtig sind. Und wenn es nur um so kleine Gesten geht, wie einer Freundin, die gerade viel Stress hatte, eben mal einen Kuchen zu backen oder ihr ein Badeöl auszusuchen, das sie sich selbst nicht kaufen würde. Ich habe die Zeit dazu und vor allem habe ich Zeit zuzuhören. Ich freue mich, dass ich als gute Freundin gelte, als aufmerksame Gesprächspartnerin, als zuverlässig. Und ich bekomme sehr viel zurück. Das ist meine Daseinsberechtigung, und ich weiß, dass ich auch ohne Kinder Spuren in der Welt hinterlasse.«

Angst vor der Einsamkeit

Kinder sind keine Garantie dafür, im Alter emotional gut versorgt zu sein. Längst nicht jede Familie lebt in Harmonie und oft genug hält die Realität auch für Eltern, die von einem reibungslosen und liebevollen Miteinander der Generationen träumen, herbe Enttäuschungen bereit. Schon allein die beruflichen Anforderungen reißen Familien oft auseinander. Die Mobilität nimmt zu, und nicht selten lassen sich erwachsene Kinder Hunderte von Kilometern von ihren Eltern entfernt nieder. Deshalb stehen auch Menschen mit Kindern vor der Aufgabe, ihr Alter für sich zu organisieren. Trotzdem ist die Angst der Kinderlosen meist größer. Aber auch hier gilt: Ein verlässlicher Freundeskreis, in dem man sich sicher und geborgen fühlt, kann der Angst vor der Einsamkeit im Alter entgegenwirken.

Petra, 46 Jahre: »Wir sind einige Frauen, die alle ohne Kinder leben. Und wir machen uns Gedanken, wie wir wohl leben werden, wenn wir alt sind. Kinder, die sich um uns kümmern, fallen ja weg. Ein unschöner Gedanke, dass da niemand sein wird, der sich darum kümmert, dass wir ordentlich gepflegt werden, oder der mit Ärzten verhandelt, wenn wir es selbst nicht mehr können. Ich möchte nicht so ausgeliefert sein, das macht mir Angst. Ich bin selbst Krankenschwester und weiß, wie schlimm die Bedingungen oft sind. In unserem Freundinnenkreis denken wir deshalb darüber nach, eine Frauen-Wohngemeinschaft zu gründen: Vielleicht zusammen ein altes großes Haus zu kaufen und im Alter dort gemeinsam zu leben. Ich stelle mir das schön vor, mit zehn, zwölf Frauen. Wenn das klappt, können wir uns gegenseitig unterstützen. Keine wäre einsam, obwohl wir alle kinderlos sind. Noch ist es nur ein Traum. Aber langsam nimmt er Gestalt an. Wir haben schon einige Häuser angesehen.«

Verantwortung übernehmen

Viele Ratgeber empfehlen, Kindern Raum im Leben zu geben, Nichten, Neffen und Patenkinder zu verwöhnen und die Annehmlichkeiten des Zusammenseins mit Kindern zu genießen. Kein Zweifel, dass es Spaß macht, den Großen wie den Kleinen, im Zoo oder im Erlebnisbad herumzutollen, mit dem Nachbarskind einen Drachen zu basteln oder mit dem heranwachsenden Nachwuchs von Freunden tiefsinnige nächtliche Gespräche über Gott und die Welt zu führen. Viele kinderlose Menschen übernehmen auch gern und freudig die Patenschaft für ein Kind aus dem Freundes- oder Verwandtenkreis und begleiten es liebevoll von klein auf. Das tut allen Beteiligten gut: der Patentante oder dem -onkel, weil sie auf diese Weise eine ganz besondere Form der Nähe zu einem Kind erleben und aufbauen dürfen, den Eltern, weil sie Unterstützung bekommen, und vor allem dem Kind, das erlebt, dass es nicht nur von den eigenen Eltern Liebe und Zuwendung bekommt, sondern dass es noch einen anderen Erwachsenen gibt, auf den es sich verlassen kann. Wenn Patenschaften auf beiden Seiten gut funktionieren, dann sind sie ein wunderbares Geschenk fürs Leben.

Doch nicht immer ist das so. Dafür kann es viele Gründe geben, auf die man nicht unbedingt Einfluss hat: Manchmal kühlt die Beziehung zu den Eltern des Kindes ab, manchmal erschwert, gerade bei kleinen Kindern, ein Umzug die Beziehung. Manchmal gibt es schwer zu überbrückende Konflikte, etwa wenn Eltern und Pate gegensätzliche Vorstellungen vom Umgang mit Kindern haben. Manchmal erlahmt nach der ersten Freude aber auch das Interesse des Paten schnell und die Beziehung bleibt unverbindlich und oberflächlich. Kindern Raum im Leben zu geben, das klingt leicht und fröhlich. Es bedeutet aber mehr, als ab und zu unterhaltsame Nachmittage mit ihnen zu verbringen. Es bedeutet: Verantwortung zu übernehmen und sich zu binden – nicht bloß punktuell, sondern kontinuierlich und zuverlässig.

Der amerikanische Psychoanalytiker Erik H. Erikson (1996) hat sich in seinem Stufenmodell der psychosozialen Entwicklung mit der Frage nach der Verantwortung beschäftigt. Nach seinen Überlegungen hat der Mensch in den verschiedenen Lebensphasen typische Herausforderungen zu bestehen. Das Baby zum Beispiel muss Gelegenheit haben, Urvertrauen aufzubauen. Wenn ihm das nicht gelingt, weil es vernachlässigt wird, und es stattdessen ein »Urmisstrauen« entwickelt, wird ihm das in seiner weiteren Entwicklung immer wieder im Wege stehen. Der Teenager hat die Aufgabe, seine Rolle, seine Identität zu suchen. Schafft er das nicht, wird er Schwierigkeiten haben, sich in die Gesellschaft einzufügen, ja sie sogar zurückweisen und sich Randgruppen anschließen, die für ihn Identität stiften. So gelten für jede Lebensphase bestimmte Aufgaben, für die Lösungen gefunden werden müssen, damit sich das Individuum in das es umgebende soziale System einfügen und dort seinen Platz finden kann.

Der Entwicklungskonflikt, den Erikson zwischen dem 30. und dem 50. Lebensjahr ansiedelt, nennt er »Generativität versus Stagnation« und bezeichnet damit die Aufgabe des mittleren Lebensalters, sich mit dem eigenen Platz in der Gesellschaft und – in einem weiten Sinn – im Leben auseinanderzusetzen.

»Generativität« heißt für Erikson, sich um künftige Generationen zu kümmern und Wissen im weitesten Sinn weiterzugeben. Dabei denkt er nicht nur an die Erziehung eigener Kinder, sondern er zählt dazu auch Unterricht, Kunst, Wissenschaft und soziales Engagement, also alles, was für kommende Generationen wichtig sein kann. »Stagnation«, der Gegenspieler zu Eriksons »Generativität«, dagegen heißt, sich um sich selbst kümmern und um niemanden sonst. Zwischen beiden Polen muss eine Balance gefunden werden: die Fürsorge für andere und die Fähigkeit, für sich selbst zu sorgen. Erwachsensein bedeutet in diesem Sinn: Verantwortung für sich selbst in der Gegenwart und für die Gesellschaft in der Zukunft übernehmen, etwas für sich und für andere zu tun.

Eltern tun sich da leicht: Zwar bekommt kein Mensch Kinder aus dem abstrakten Wunsch heraus, Verantwortung für die gesellschaftliche Zukunft zu übernehmen, doch geschieht das ganz von allein, wenn man Kinder in die Welt setzt – sozusagen als Nebenprodukt. Kinderlose Menschen haben es schwerer, dieser Entwicklungsaufgabe gerecht zu werden und sich Gedanken darüber zu machen, wie ihre Verantwortung, wie ihr Beitrag zur Zukunft der Gesellschaft aussehen könnte.

Der unverbindliche Kontakt zu den Kindern aus Verwandtschaft und Freundeskreis, auch wenn er liebevoll ist, reicht nicht aus, um die oben angesprochenen Bedürfnisse zu befriedigen, das wird nach diesem Ausflug in die Entwicklungspsychologie deutlich. Wenn ich mich Kindern zuwende, um meine Sehnsüchte zu stillen, dann kümmere ich mich nicht um die junge Generation, sondern eigentlich nur um mich selbst. Ich verhalte mich dann eben nicht generativ in Eriksons Sinn. Erst wenn ich selbst nicht mehr im Vordergrund stehe, wenn ich Verantwortung auch im Sinne einer Verpflichtung übernehme, hinter die meine eigenen Interessen auch mal zurücktreten, dann verhalte ich mich erwachsen. Deshalb greifen all die guten Ratschläge, einfach anderer Leute Kinder zu bemuttern und zu »betanten« zu kurz, wenn es um die Frage geht, was Sinn im Leben stiftet. Diese Art von Kontakt mag Spaß machen, bleibt aber letztlich oberflächlich.

Verantwortung bedeutet, selbst nicht mehr im Vordergrund zu stehen.

Verantwortung zu übernehmen heißt, eine Antwort zu geben. Es heißt nicht, sich zu entziehen, wenn man gerade keine Zeit hat. Heißt nicht, sich zurückzuziehen, wenn man gerade ratlos oder müde ist. Heißt nicht, den ehrenamtlichen Termin abzusagen, weil die Sonne scheint. Heißt nicht, sich abzuwenden, wenn es schwierig wird. Wer Verantwortung übernommen hat, steht in der Pflicht. Das mag unbequem sein, aber gerade aus der freiwillig übernommenen und wahrgenommenen Verpflichtung entsteht Sinn.

IMPULS
Antworten finden

Was ist mein Geschenk an die Zukunft?

Wohin lasse ich meine Gaben und Talente fließen?

Was gebe ich weiter?

Was bringe ich auf den Weg und freue mich an seinem
Werden und Wachsen?

Wo nütze ich meine Freiheit, um mich zu binden?

Worauf gebe ich Antwort?

Die Freiheit feiern

Renate, 43 Jahre: »Freunde sagen uns oft zum Trost: ›Ihr könnt reisen, so viel ihr wollt, ihr habt zwei Einkommen, eine schöne Eigentumswohnung. Ihr seid viel unabhängiger als wir.‹ Aber das tröstet mich überhaupt nicht. Ich würde mit Freuden auf all das verzichten, wenn ich Kinder hätte. Keiner meiner Freunde würde schließlich die Kinder hergeben, nur weil dann mehr Geld und mehr Zeit da wäre.«

Solch oberflächlicher »Trost« ist schnell ausgesprochen und kann für den, der ihn empfängt, ausgesprochen verletzend sein. Das ist, wie wenn man einem nach einem Unfall querschnittgelähmten Menschen sagen würde: Sei doch froh, du hast eine Menge Geld von der gegnerischen Versicherung bekommen. Solch eine Gedankenlosigkeit fände vermutlich jeder empörend. Ja, das Geld ist gut. Und nein, es wiegt die negativen Folgen in keiner Weise auf.

Hinter dem schnellen Trost steht eine Verkürzung im Denken, die nicht legitim ist: Er tut so, als seien die Folgen eines schwerwiegenden Ereignisses gegeneinander abwägbar und stünden sogar in kausalem Zusammenhang. Doch das ist falsch. Richtig ist nur: Ereignisse haben Konsequenzen, die auftreten können, es aber nicht müssen. Um im Bild zu bleiben: Nicht jedes Unfallopfer erhält Schmerzensgeld, nicht jedes kinderlose Paar lebt in gesicherten Verhältnissen. Das gedankenlose Aufrechnen konstruiert eine Gerechtigkeit, die es im Leben nicht gibt. Konsequenzen eines unerwünschten Ereignisses sind unabhängig voneinander. Sollten sich zu schlimmen Folgen auch positive gesellen, dann bilden sie zusammen einen ungeheuren

Spannungsbogen der Vielschichtigkeit eines Lebens, den auszuhalten der Betroffene erst einmal lernen muss.

Nach schwerwiegenden Ereignissen stehen der Schock und die Trauer im Vordergrund. Erst langsam können Betroffene ihr Leben neu sortieren und in dem Wissen, dass das Geschehene nicht zu ändern ist, einen Blick dafür entwickeln, wie sie sich in der neuen Lebenssituation einrichten können. Erst dann wird es möglich, auch die Chancen, die im Unabänderlichen stecken, zu sehen und zu ergreifen. Und sie irgendwann, mit der Zeit, auch zu schätzen.

Ein Leben ohne Kinder zu gestalten, heißt zuallererst, die Kinderlosigkeit als Tatsache anzuerkennen. Erst in einem zweiten Schritt kann die Überlegung heißen: Wenn es denn sein muss, dann geht es auch ohne Kind gut. Ob dann zunächst eine gute Portion Trotz darin steckt oder schon echter Genuss, wenn man sich ein spontanes Wochenende in Paris erlaubt oder eine große Reise nach Vietnam, ist egal. Fakt ist: Man darf, man kann! Und man soll, auch wenn vielleicht auf jedem Flugticket ein dickes »Trotzdem« steht.

Es gibt keinen, der es verbieten kann: Spontan um halb elf Uhr abends ausgehen. Urlaub an wilden Stränden, wo es keine Familien gibt, weil die hohen Wellen für Kinder zu gefährlich wären. Dreiwöchige Hochgebirgstouren. Geld auf den Kopf hauen, warum sollte man es sparen? Unter der Woche ausschlafen, wenn die Nachbarin seit sechs Uhr früh ihre Kinder startklar für die Schule macht. Außerhalb der Schulferien verreisen, wenn Flüge und Hotels billig sind und die Strände leer. Eine neue Wohnung suchen, in der City oder draußen auf dem Land. Umziehen ohne Rücksicht auf Kinderzimmer, Grundschulsprengel und Hortplätze. Ins Ausland? In eine andere Stadt? Kinderlose haben viele Möglichkeiten, ihre Freiheit bewusst zu leben.

IMPULS
Eine Liste
der Träume

Was wollten Sie schon immer mal machen?

    Am Strand entlangreiten?
    Orgelspielen lernen?
    Mit Delphinen schwimmen?
    Ein Sabbatjahr in Thailand verbringen?
    Ein Buch schreiben?
    Zu Fuß die Alpen überqueren?

Machen Sie sich eine Liste und hängen Sie sie an einem Ort auf,
wo Sie sie täglich sehen und ergänzen können,
wenn Ihnen eine Idee kommt
oder ein lang vergessener Traum einfällt.

Alles ist möglich: Sie müssen es nur tun!

Weiterleben

Christine, 54 Jahre: »Dass ich keine Kinder habe, das ist Teil meines Lebens geworden. Das ist in sich paradox: Etwas, das es nicht gibt, ist doch ein Teil von mir. Ein Nicht-Ereignis macht ein wesentliches Kapitel meiner Biografie aus.

Auch die Wehmut darüber gehört zu meinem Leben. Sie ist in mir, ein Teil von mir, ein Teil meiner Vergangenheit. Sie meldet sich manchmal – dann ist es Zeit, um traurig zu sein. Ich achte darauf, um zu merken, wann sie kommt, damit ich sie nicht verdränge. Wenn ich das tue, geht es mir bald besser. Wenn ich sie wegschiebe, glimmt sie im Verborgenen weiter und zehrt an mir.

Vieles, was ich heute bin und an mir schätze, bin ich und habe ich, weil ich keine Kinder habe und darüber sehr unglücklich war. Die Traurigkeit darüber hat mich gezwungen, mir neue Wege zu suchen, neu aufzubrechen und mein Leben anders zu leben, als ich es eigentlich vorhatte. Da hat sich vieles verändert: Mein Blick auf mich selbst und auf die Menschen, mit denen ich zu tun habe, ist verständnisvoller geworden. Ich sehe klarer, dass jeder zu tragen hat – nicht nur ich.

Am wichtigsten ist für mich der spirituelle Bereich geworden. In gewisser Weise bin ich dankbar für die Impulse, die ich durch meine Trauer bekommen habe und die mich zu dem gemacht haben, was ich heute bin.

Ich bin eine Frau ohne Kinder. Ich hätte es mir anders gewünscht, aber es ist so gekommen. Heute kann ich sagen: Es ist gut, wie es ist. Es ist mein Leben und ich bin damit einverstanden.«

Erschütterungen

Wir alle leben in unserer eigenen Wirklichkeit, die wir aus unseren Wünschen, Werten und Hoffnungen erschaffen. Wie wir ein Haus bauen, so errichten wir die Vorstellungen für unser Leben. Wir möblieren Raum für Raum, einen für den Beruf, einen für die Familie, einen für die Partnerschaft, einen für Kinder, für Hobbys und Interessen, einen für Urlaub, einen für Freunde und Gäste, für all das, was wir in unserem Leben schätzen. Mal verbringen wir mehr Zeit im einen, mal im anderen Zimmer, doch wir halten das ganze Haus warm, damit wir uns darin wohl und geborgen fühlen. Dieses Haus ist unser Leben und unsere Wirklichkeit, seine festen Wände schützen uns und unser Wünschen, Wollen und Planen. Das ist gut – solange alles gut ist.

Jedes Lebensproblem erschüttert das Haus unserer Wünsche. Manchmal bleibt es trotzdem in sich stabil und es sind nur kleinere Reparaturen fällig, hier ein wenig neue Farbe, dort vielleicht ein paar Steine, die neu eingesetzt werden müssen. Doch manchmal erzittert das Haus wie unter heftigen Erdstößen, die Wände bekommen Sprünge und Risse, durch die die Kälte einer unentrinnbaren Wirklichkeit ins Innere kriecht. Es wird ungemütlich darin, beängstigend. Erst wehren wir uns, stehen unter Schock, wollen die kalte Wirklichkeit nicht wahrhaben, wollen zurück in die behagliche Wärme und in den Glauben, dass alles gut sei. Doch gelegentlich sind die Erschütterungen so groß, der Untergrund so unsicher, das Erdbeben so stark, dass wir feststellen müssen: Das ganze Haus ist einsturzgefährdet, unbrauchbar geworden, unbewohnbar. Plötzlich sind wir obdachlos.

Krisen, die unser Lebenshaus zum Beben bringen, werfen viele Fragen auf. Die Psychologie kann mit ihren Methoden dabei helfen, eine neue Balance zu finden und sich wieder aufs Leben einzulassen. Über alle psychologischen Dimensionen hinaus berühren wirkliche Krisen aber auch den transzendenten Bereich und verlangen Antworten, die die Psychologie nicht geben kann:

Welchen Sinn hat mein Leben mit und nach der Krise? Welche Bedeutung hat die Erfahrung, wenn ich über mein persönliches Leben hinaussehe? Warum geschieht das, was geschieht? Warum gibt es Leid? Und wenn sich das Herz einmal geöffnet hat, mögen auch Fragen wie diese auftauchen: Wozu gibt es die Liebe? Wie entsteht Kunst? Wofür braucht es Freude? Woraus wächst das Glück?

IMPULS
Das Lebenshaus

Nehmen Sie Papier und Stifte
und zeichnen Sie Ihr Leben als Haus.
Welche Zimmer sind darin?
Wie sind sie eingerichtet?
Welche sind vollgestopft, welche eher leer?
Welche Farben tragen die Wände?
Wo ist es warm?
Wo halten Sie sich gerne auf?

Spielen Sie mit der Idee! Vielleicht fällt Ihnen beim Malen auf, dass Ihre Lebensräume nicht alle mit der gleichen Aufmerksamkeit eingerichtet sind. Vielleicht sind aber auch alle Räume dicht und voll. Vielleicht entsteht in Ihnen eine Idee, welchen Sie leer räumen wollen, um für Neues Platz zu schaffen? Vielleicht hat ein Bereich Ihres Lebens seinen Platz im Haus noch gar nicht gefunden?

Was ist Spiritualität?

Spiritualität ist ein Modewort geworden. Es lässt sich auf alle Bereiche anwenden, für die uns sonst die Worte fehlen. Benutzt wird es in ganz unterschiedlichen Sinnzusammenhängen und Bedeutungen und sehr oft als Synonym für Frömmigkeit oder Religiosität. Ich verstehe es anders: Spiritualität sehe ich als Grundbedürfnis und als Teil der Natur des Menschen. Ihr Boden sind die großen Fragen im Leben: Geburt, Tod, Krankheit, Leid, Liebe, Glück, Bewusstsein – Fragen, denen sich kein Mensch entziehen kann, der mit offenen Augen und offenem Herzen durch die Welt geht, und deren Energien uns in tiefen seelischen Schichten berühren.

Spiritualität bezeichnet die Art und Weise, mit diesen Energien umzugehen. Dazu stehen uns mehrere Möglichkeiten offen: Wir können uns ablenken und sie ignorieren, weil sie uns unangenehm sind. Das ist in manchen Situationen und an manchen Tagen eine gute Wahl, weil wir nicht immer die Kraft und die Zeit haben, uns ihnen zu stellen. Wenn wir ihnen unsere Aufmerksamkeit nicht geben, fühlen wir nicht, wie tief sie reichen, und wir schützen uns vordergründig vor schwierigen Gefühlen wie Trauer oder Neid. Wenn wir das dauerhaft tun, schneiden wir uns damit aber auch von unserer Quelle der Lebensenergie ab. Wir stumpfen ab, wir verlernen zu spüren, vielleicht werden wir sogar krank. Oder wir riskieren, dass die ungelösten Lebensfragen an anderer Stelle wieder zum Vorschein kommen: als Unberührbarkeit, als Freudlosigkeit, als Mangel an Leidenschaft und Glück.

Wir können sie auch ertragen und vor ihnen und ihrer Übermacht erstarren. Dann werden wir uns als hilfloses

Opfer empfinden, das vom Leben benachteiligt wurde, und als Antwort darauf wird Verbitterung in uns aufsteigen, die uns misstrauisch und pessimistisch macht und uns in unserer Einsamkeit die Augen verschließt für die Schönheiten der Welt.

Wir können die Energien, die die großen Lebensfragen in uns auslösen, aber auch bewusst einladen. Wenn wir den Mut aufbringen, sie zu fühlen und auszudrücken, lassen sie sich mit der Zeit transformieren und behutsam in unser Leben integrieren.

Wir weinen, beten, malen, tanzen, laufen, musizieren ... Wir haben dann einen angemessenen Umgang mit diesen Energien gefunden, wenn daraus in uns ein innerer Frieden entstehen kann, wenn wir Ja sagen können, auch zu Grenzen und zu Schmerzvollem im Leben, Ja sagen können zu dem, was ist. Wir alle tun das, meistens ohne es zu benennen. Wenn wir es bewusst machen, dann gibt es ein Wort dafür: Spiritualität. Wenn Trauer in mir ist und ich ihr auf mir gemäße Weise Ausdruck gebe, wenn Sehnsucht in mir ist und ich ihr eine Form verleihe, wenn Freude in mir ist und ich sie feiern kann, dann lebe ich meine Spiritualität.

Wenn ich erschöpft oder traurig bin, gehe ich gern am Fluss oder im Wald spazieren. Ich schaue dem fließenden Wasser zu, ich höre das Zwitschern der Vögel, sehe auf die Fichten und die uralten Eichen, die Findlinge, die von der Nähe der bayerischen Berge erzählen, atme den Duft des modernden Laubes unter meinen Füßen, sehe ab und zu hinauf in die Weite des Himmels. Ich laufe, bis es mir besser geht und ich zur Ruhe gekom-

Spiritualität hilft dabei, **Ja zu sagen** *zu Schmerz, Trauer und Sehnsucht.*

men bin. Fast jeder tut das, das ist nichts Besonderes. Doch was ist es eigentlich, was ich da tue?

Ich lasse mich anstecken vom Wachsen und Sein rings um mich, das von meinen Problemen und meiner Ruhelosigkeit unberührt bleibt: Die Isar fließt hier seit Jahrtausenden, die Eichen im Wald stehen seit Jahrhunderten hier. Die Findlinge hat ein Gletscher aus den Alpen heruntergetragen und sie werden noch da liegen, wenn ich schon längst nicht mehr hier bin. Das Laub unter meinen Schuhen erzählt von den ewigen Kreisläufen des Werdens und Vergehens. Ich verbinde mich auf unbewusste Weise mit den Kräften der Natur, die größer ist als ich und aus der ich entstanden bin.

Jeder hat bereits erfahren, wie tröstlich und kraftvoll es sein kann und wie lebendig es sich anfühlt, wenn innere Vorgänge nach außen Gestalt annehmen, gleichsam geboren werden dürfen. Dabei geschieht eine Verwandlung, dabei transformiert sich die innere, ungeformte Energie zu einem greifbaren und begreifbaren Ausdruck. Es verbindet die persönliche Erfahrung mit einem größeren Ganzen.

Menschen, die religiös verwurzelt sind, fällt es manchmal leichter, Lebensfragen zu beantworten, weil sie sich in einer größeren Dimension, in Gottes Hand, geborgen fühlen. Manchmal haben aber gerade sie sehr schwer zu kämpfen, denn manche Erschütterung kann das vertraute Bild vom guten, allmächtigen Gott zum Einsturz bringen. Für andere, die vorher nichts mit einer Religion zu tun hatten, kann die Lebenskrise ein Auslöser sein, in den großen Weisheitstraditionen nach Antworten zu suchen. Aber auch wer sich selbst als nicht gläubig bezeichnet, kann von der spirituellen Dimension berührt werden.

Spiritualität kann mit einer Religion einhergehen, muss aber nicht. Spiritualität kann sich auf ein höheres Wesen richten, braucht aber kein Gottesbild. Spiritualität kann sich aus dem Reichtum der kirchlichen Traditionen speisen, kann sich aber auch sehr individuelle Ausdrucksformen suchen. Spiritualität entsteht aus der Beschäftigung mit den Grundthemen des Lebens und erkennt an, dass das Leben nicht nur aus einer rationalen und biologischen Komponente besteht, sondern dass wir alle eingebettet sind in den größeren Zusammenhang einer Dimension, die wir nicht mit unseren menschlichen Maßstäben verstehen können. Im engeren Sinn bezeichnet Spiritualität all jene Verhaltensweisen, in denen zum Ausdruck kommt, dass die menschliche Seele in einer Beziehung zu einer größeren Wirklichkeit steht – wie auch immer unsere Vorstellung davon sein mag.

Warum gerade ich?

Die Frage nach dem »Warum« bleibt nicht aus und sie ist quälend. Sie zeigt unser verzweifeltes Bedürfnis, Erklärungen für Unerklärliches zu finden, und sie zeigt unsere Hoffnung, dass ein Sinn dahinter liegen könnte, der uns hilft, unser Schicksal anzunehmen. Manchen Menschen gelingt es, sich eine Erklärung, die für sie stimmig ist, zurechtzulegen. Manchmal findet sich die Antwort im Vertrauen auf einen Gott, der besser als wir selbst weiß, was gut für uns ist, und in dessen Schutz wir geborgen sind.

Ich kenne keine befriedigende Antwort auf die Frage nach dem Warum, die in dunklen Momenten kommt und wehtut. Aber ich glaube, dass es wichtig ist, einen Weg zu finden, auf wohltuende Weise mit ihr umzugehen und nicht in der Bitterkeit zu versinken, die in ihrem Kielwasser daherkommt.

Warum gerade ich? Es ist müßig, darüber nachzugrübeln. Es gibt keine allgemeingültige Antwort, nur eine Gegenfrage. Sie heißt: Warum gerade ich nicht? Das Leben konfrontiert uns mit Dingen, die wir nicht lösen und kaum beeinflussen können. Wir suchen es uns nicht aus und vieles bleibt im Ungewissen, Unerklärlichen – trotz all unserer Sehnsucht, es zu erklären und für uns begreifbar zu machen. Wie schreibt Margot Bickel? »Vielleicht sollten wir uns von dem Aberglauben lossagen, alles verstehen zu müssen, und uns zu der Einsicht bekehren, dass wir im Höchstfall imstande sind, mit unserem Unverständnis verständnisvoll umzugehen.« Die Frage nach dem Warum kann auf diese Weise der Ausgangspunkt für einen Prozess sein, der ein anderes Verständnis des Lebens und Glaubens eröffnet.

Expedition in die Wüste

Ines, 44 Jahre: »Als ich begriffen habe, dass ich keine eigenen Kinder haben werde, war mein Leben plötzlich ganz leer. Es war wie eine Wüste in mir, vor der ich mich fürchtete. Vertrocknet und karg kam mir mein Körper vor und ich habe unter dem schrecklichen Gedanken gelitten: Mein Leben trägt keine Frucht.«

Die Wüste ist ein Symbol der Unfruchtbarkeit, ein Ort, wo nichts Nennenswertes wächst, wo es nur Steine und Sand gibt. Ein Ort der Orientierungslosigkeit. Die Kargheit der

Wüste zu erfahren, ohne Schutz vor der nächtlichen Kälte und der brennenden Sonne am Tag, bedeutet, sich ganz seinen Begrenzungen und seinem Unvermögen auszuliefern. Dort, wo nichts ablenkt und tröstet, ist man ganz auf sich allein gestellt. Man ist am Ende.

Die Weisheitstraditionen des Judentums und des Christentums kennen viele Geschichten, in denen die Wüste eine Rolle spielt. Moses und Elias begegnen Gott in der Wüste, Jesus zieht sich vor Beginn seines öffentlichen Wirkens in die Wüste zurück. Die Wüste galt als Ort der Versenkung und Meditation, als Rückzugsgebiet, aber auch als Ort der Gottesbegegnung. Hier ist Platz, um zu klagen und zu weinen, um dem Schmerz ein Gesicht und einen Körper zu geben, der vor Wut und Enttäuschung schreien darf.

Vielleicht hört es jemand? Vielleicht entsteht eine Antwort, vielleicht findet sich eine Oase zur Rast, vielleicht ein Weg zu einer neuen, nicht gekannten Quelle.

IMPULS
Ich klage an

Ich stehe hier, Gott, vor dir.
Ich möchte Klage führen.
Ich bin wütend und traurig.
Ich klage dich an,
ich klage das Leben an.

Du enthältst mir vor,
was du anderen selbstverständlich schenkst.
Warum lässt du mich herausfallen
aus dem Kreislauf des Lebens?

Wenn ich sterbe,
wird da kein Kind sein,
in dem ich weiterlebe.
Die Kette des Lebens,
deren Anfang sich in der Urzeit verliert,
die Glied um Glied hervorbrachte,
Mutter und Kind,
Enkel und Urenkel,
die wieder Mütter und Väter wurden,
ungezählte Generationen lang,
führte bis zu mir.
Ich bin ihr letztes Glied.
Mit mir reißt die Kette ab.

Gott, ich frage dich:
Bin ich es nicht wert, weiterzuleben in einem Kind?
Bin ich es nicht wert, das Leben weiterzugeben?
Weiterzugeben, was ich bin?
Gibt es etwas in mir, das besser sterben soll,
statt fortzuexistieren in Kindern und Enkeln?

Ich klage dich an, Gott.
Ich will eine Antwort.

Ich stehe hier, Gott, vor dir.
Ich bringe dir meine Traurigkeit.
Ich bringe dir meine Unvollkommenheit.
Ich bringe dir meine Sehnsucht.
Ich bringe dir meine Unfruchtbarkeit.
Ich bringe sie vor dich.

Die heilende Kraft der Gegenwart

Skitour: Langsam gehe ich hinter meiner Freundin in der Spur. Über uns spannt sich das leuchtende Blau des Winterhimmels, um uns steigen tief verschneite Hänge hoch hinauf. Oben staubt glitzernder Schnee über den mächtigen, von Wechten gesäumten Gipfelgrat. Wie winzig wir sind, wie gigantisch die Berge um uns.

Wir steigen seit zwei Stunden. Schritt für Schritt schieben wir unsere Skier bergan, gemächlich und angepasst an den Rhythmus unseres Atems und die anderen Signale unserer Körper. Wir haben viel Zeit, die Sonne steht hoch am Himmel.

Tourengehen in einfachem Gelände ist ein monotoner, ein unablässig sich wiederholender Bewegungsablauf. Stockeinsatz, Schritt, Stockeinsatz, Schritt, Meter für Meter für Meter. Die Monotonie lässt meinen Gedanken erst freien Lauf, später dann, höher oben, werden sie weniger und langsamer, als blieben sie im Tal zurück, als wäre da kein Platz für sie, je näher wir dem Himmel kommen. Ich gehe, ich denke nicht mehr. Schritt für Schritt für Schritt. Ich versinke im Gehen. Ich tauche ein. Ich bin hier.

Etwas in mir weitet sich, schmiegt sich an die Hänge, ihrer Neigung folgend, endlos bergauf und bergab, in einer zärtlichen, kaum wahrnehmbaren Bewegung, so wie sich feine Seide an den Körper schmiegt und jeden Umriss abbildet. Etwas in mir kommt auf den Hängen zum Liegen. Etwas in mir ragt gelassen auf, groß und aufrecht bis zum blauen Himmel. Es steht da, in mir; ich bin es, die da aufragt. Ich bin der Berg, und ich bin der Schnee, der die Berge bedeckt.

Dann ist der Moment vorbei und ich bin zurück in meinem Körper, in meinen Tourenstiefeln, auf meinen Skiern. Stockeinsatz, Schritt, Stockeinsatz. In mir sind tiefer Friede und Liebe zu dem Berg und dem Schnee, der ich gerade war.

Wäre dies mein erstes Erlebnis dieser Art gewesen, wäre ich vermutlich sehr erschrocken und hätte mir Sorgen um meinen Geisteszustand gemacht. Aber auf dieser Skitour wusste ich bereits ein wenig von mystischen Erfahrungen und Einheitserlebnissen, sodass ich mich einfach über das beglückende Geschenk dieser neuen Erfahrung freuen konnte. Ich hatte bereits erlebt, wie es sich anfühlt, ganz im Jetzt zu sein. Ich wusste bereits, dass Momente der Präsenz nicht entrückten Mystikern vorbehalten sind, sondern dass wir alle Glücksmomente erleben, in denen die Zeit stillzustehen scheint und wir uns selbstvergessen ganz und gar hingeben. Der Benediktiner Willigis Jäger nennt die Gegenwart »Das ewige Jetzt Gottes« (Jäger 2003, S. 10). In ihr erlebt man ein Gefühl inneren Friedens und eine Ahnung der Ewigkeit, die weit über den einen Moment hinausreicht. Die Augenblicke in der Weite des Jetzt hinterlassen mehr als Glauben oder Vertrauen. Sie schenken das Wissen, dass es einen Zustand gibt, in dem wir sicher und geborgen sind und alles gut ist, weil es ist.

Ganz im Jetzt zu sein, schenkt einen tiefen inneren Frieden.

Man muss das Erleben dieser Augenblicke nicht erlernen wie ein Musikinstrument oder eine Sprache, denn sie sind schon da. Wir alle erfahren Ahnungen davon, wenn wir Momente tiefer Ausgeglichenheit oder Freude erleben, die scheinbar grundlos und durch nichts motiviert ist. Wir erleben sie in unserer Arbeit, wenn wir für einen Augenblick ganz darin aufgehen, wir erleben sie in der Liebe,

172

wenn wir mit dem geliebten Menschen zu verschmelzen scheinen, wir erleben sie beim Wandern, beim selbstvergessenen Spielen und Malen, ja selbst beim Putzen sind sie manchmal da. Es genügt ein wenig Übung, um aufmerksam für sie zu werden, ihnen Platz zu geben und sie zu entdecken.

Um für diese Momente sensibel zu werden, muss man sich darüber bewusst werden, wie sehr der ununterbrochene und chaotische Wirbel in unserem Kopf unseren Normalzustand bestimmt: Gedanken und Gefühle schwirren umher wie Mücken ums Licht. Unser Denken, auf das wir so stolz sind und das wir für so logisch halten, springt von einer Assoziation zur anderen – in einer endlosen, wirren Kette von weitgehend unnützen Bildern und Informationen. Es geschieht unablässig und unwillkürlich: Wenn wir wach sind, vergeht kaum ein Moment, in dem wir nicht denken.

Wenn ich durch den Wald laufe, werde ich so lange angespannt und nervös, traurig oder müde bleiben, solange ich meinen Gedanken freien Lauf lasse. Dann hetzen sie von hier nach da, leuchten alle Winkel meines Problems aus, wälzen es hin und her, warnen vor der Zukunft, ärgern sich über Vergangenes. Sie konstruieren Lösungen für meine Probleme, verwerfen sie wieder, planen drehbuchreife Szenarien und Dialoge, die doch nie stattfinden werden, so, als wäre mein Verstand ein dem Irrsinn verfallener Regisseur. Wenn es nicht so verbreitet wäre, könnte man über diese Ruhelosigkeit herzlich lachen. Wir denken, als hinge unser Glück davon ab.

Wer sich selbst beim Denken beobachtet, weiß, dass das Gegenteil der Fall ist. Die kreisenden Gedanken leiten uns weg vom Jetzt, von der Gegenwart, die das Tor zu

Glück und innerem Frieden ist. Sie tragen uns fort von der Ruhe des fließenden Wassers, den Eichen und den alten Steinen. Und selbst wenn wir konzentriert bei der Sache bleiben und strukturiert nachdenken, so wie wir es gelernt haben, selbst dann hilft uns der Verstand nicht unbedingt weiter: »Unsere Ratio spaltet auf. Wir zerlegen die Wirklichkeit in immer kleinere Stücke, um sie genau beurteilen und unterscheiden zu können und über alles die Kontrolle auszuüben. Aber heil werden wir nur, wenn der Intellekt auch wieder schweigen lernt, sich zurücknimmt und der Leib-Psyche-Geist-Einheit zutraut, dass sie ein unersetzbares Orientierungsvermögen besitzt, dem wir uns anvertrauen können. In der Ganzheit überbrücken wir alle Gegensätze.« (Jäger 2003, S. 86)

Regelmäßiges Meditieren schult die Aufmerksamkeit für diese unstete Hektik unseres Verstandes und hilft, sie zumindest zeitweise zu überwinden. In der westlichen Medizin und Psychologie wird es darum auch als Entspannungstechnik empfohlen – mit messbarem Erfolg: Beim Meditieren verringert sich die Herzschlagfrequenz, die neurologische Aktivität des Gehirns verändert sich, die Atmung wird tiefer. Auch die Muskeln lösen ihre Anspannung. Das ist ein positiver Nebeneffekt, doch vor allem geht es um eine Veränderung des Bewusstseins.

Alle Religionen kennen Praktiken der Versenkung, die in einem weiten Sinn als Meditation verstanden werden können. In den westlichen Traditionen, vor allem der katholischen, stehen dabei gegenständliche Techniken im Vordergrund, die das Ziel haben, den Geist auf Gott auszurichten. Dazu gibt es eine Vielzahl von Methoden, etwa den Rosenkranz oder das Jesusgebet, aber auch Wallfahrten und Pilgerwege. Die östlichen Religionen betonen die gegenstandslose Meditation. Gemeinsam ist ihnen eine absichtslose Grundhaltung und der Zustand der entspannten Aufmerksamkeit. Zen und Yoga sind die im Westen bekanntesten Techniken.

Es gibt eine unüberschaubare Zahl von Ratgebern zur Meditation. Mich spricht von den westlichen Lehrern zum Beispiel der amerikanische Buddhismus-Experte Jack Kornfield an (»Frag den Buddha und geh den Weg des Herzens«), der Zenmeister und Benediktiner-Pater Willigis Jäger (»In jedem Jetzt ist Ewigkeit«) und der amerikanische Bewusstseinsforscher Ken Wilber (»Mut und Gnade«).

IMPULS
Eine Anleitung
zur Meditation

Wählen Sie einen Ort, an dem Sie zur Ruhe kommen können und wo Sie für 20 Minuten niemand stört. Setzen Sie sich so, dass sie es bequem haben, auf einen Stuhl, einen Hocker, auf den Boden. Um sich zu sammeln, hilft es, eine Kerze anzuzünden und sich von Kopf bis Fuß in eine leichte Decke oder ein großes Tuch zu hüllen.

Richten Sie sich auf. Schließen Sie die Augen oder lassen Sie sie halb geöffnet, ohne sich umzusehen. Sehen Sie nach innen. Spüren Sie den festen Boden unter Ihnen, der Sie trägt. Spüren Sie die Luft, die um Sie ist und Ihre Haut streichelt. Hören Sie die Geräusche, die um Sie sind. Nehmen Sie sie einfach wahr.
Achten Sie auf Ihre Atmung: Spüren Sie, wie beim Einatmen die kühle Luft über ihre Nasenflügel streicht. Beim Ausatmen ist sie von ihrem Körper gewärmt. Nehmen Sie die Wärme und die Kühle wahr. Überlegen Sie nicht, was angenehmer ist oder was es bedeutet. Lassen Sie es einfach so sein, wie es ist. Ein und aus, kühl und warm, ein und aus. Atmen Sie ruhig und gleichmäßig.

Hören Sie auf die Stille, die in Ihnen ist. Lassen Sie sich versinken. Atmen Sie weiter. Ein und aus, ein und aus, ein und aus. Bald werden in Ihnen wahrscheinlich Gedanken aufsteigen. Lassen Sie sie einfach vorüberziehen, wie weiße Wölkchen am Sommerhimmel. Nehmen Sie wahr, dass sie da waren, aber kehren Sie einfach freundlich zurück zur Aufmerksamkeit für Ihren Atem.

Lassen Sie sich wieder in die Stille versinken, die Stille, die ein Hauch der Ewigkeit ist.

Meditation ist die eindeutigste, klarste Art, die ich kenne, sich dem Jetzt zu nähern. Allerdings kostet es besonders anfangs Überwindung, solange es noch sehr mühsam ist, die Gedanken im Zaum zu halten, und der Geist schon nach ein paar Atemzügen anfängt zu schweifen. Trotzdem lohnt sich die Mühe allein wegen der Anschauung unserer eigenen Ruhelosigkeit, die uns meistens nicht bewusst ist. Wenn wir erst erlebt haben, wie hektisch unsere Gedanken schwirren, dann wissen wir auch: Es gibt eine Stille hinter ihrem Lärm.

Nicht jeder wird Gefallen daran finden, mehrmals wöchentlich eingehüllt vor einer Kerze sitzend zu meditieren. Es geht aber auch gar nicht darum, Meditation als weitere Pflichtübung – wie Geschirrspülen und Zähneputzen– in den Tagesablauf aufzunehmen. Wer es möchte und für wen es stimmt, kann das tun und es wird gut sein. Wichtiger ist aber, einmal zu begreifen, dass die Stille der Ewigkeit in uns und um uns ist und wir uns jederzeit mit ihr verbinden können.

Wenn wir das erfahren haben, dann gibt es jeden Tag eine Unzahl von Chancen, in ihr zu versinken. Wir müssen sie nur nutzen. Selbst Geschirrspülen und Zähneputzen kann man mit Achtsamkeit. Selbst beim Warten auf den Bus können wir, statt ungeduldig von einem Bein aufs andere zu treten und alle zwei Minuten auf die Armbanduhr zu linsen – was den Bus ja nicht schneller herannahen, sondern nur unseren Blutdruck steigen lässt –, die geschenkte Zeit nutzen, um einen Moment lang bewusst zu atmen, für einen Moment der Stille zu lauschen, den Boden unter uns und die Luft um uns zu spüren. Auch dieser Moment ist ein Moment unseres Lebens. Die Vergangenheit ist nicht greifbar und nicht zu verändern. Die Zukunft ist ungewiss.

Dieser Moment, jetzt, ist der einzige, den wir wirklich haben.

Auch die Begegnung mit anderen Menschen kann sich durch die spirituelle Praxis verändern. Wenn wir erfahren haben, dass wir alle Anteil an derselben größeren Dimension haben, dann ist es nicht mehr möglich, den anderen als Feind zu betrachten, ihn zu verachten oder auch nur ihm gleichgültig gegenüberzutreten, sondern er verlangt eine Grundhaltung freundlicher Zuwendung.

IMPULS
Ich bin eine von euch

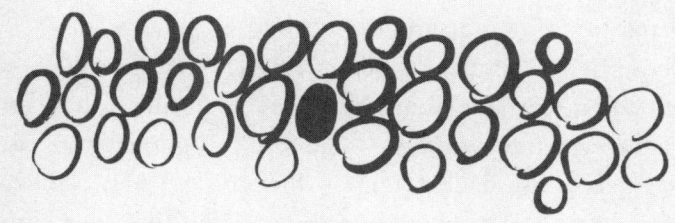

Setzen Sie sich auf eine Bank in einem Park
    oder in ein Café in der Innenstadt.
Sehen Sie sich andere Frauen an, alte, junge,
    hübsche, unansehnliche.
Spüren Sie nach, welches Thema jede in sich trägt.
Hat sie Kinder? Sorgt sie sich um sie?
Hatte sie eine Fehlgeburt?
Ist sie kinderlos? Leidet sie?
Ist sie glücklich?

Mit offenen Augen und offenem Herzen
    andere Menschen betrachten –
dabei kann sich ein Licht entzünden,
das Licht, in dessen Schein sich alle Menschen
in ihren Sehnsüchten, Ängsten, Freuden
    und ihrem Kummer ähneln,
weil sie sich in ihrem Menschsein ähnlich sind.

Das Licht, das man bei anderen zu sehen beginnt,
ist das Licht im eigenen Herzen:
Ich bin eine von euch.

Ganz sein

Ist eine Frau erst dann eine »ganze Frau«, wenn sie ein Kind empfangen, ausgetragen und geboren hat? Ist ein Mann erst ein »ganzer Mann«, wenn er ein Haus gebaut, einen Baum gepflanzt und einen Sohn gezeugt hat?

Jedes Leben kennt ungelebte Anteile: Träume, die nicht Wirklichkeit werden, Wünsche, die nicht erfüllt, Chancen, die nicht ergriffen wurden – allesamt Möglichkeiten, die nicht an die Oberfläche steigen durften, um sich dort zu entwickeln und mit Leben zu erfüllen. Die Lücke der Kinderlosigkeit gehört dazu – erst recht, wenn sie ungeplant und unerwünscht ist. Etwas fehlt. Und es schmerzt.

Die Lücken zu füllen, die Wunden heilen zu lassen, ganz zu sein, das ist ein Wunsch, den bewusst lebende Menschen gut kennen. Ganz sein bedeutet, so zu werden, wie ich bin, ohne innerliche Verbotsschilder, ohne Mängel, ohne Unsicherheiten, Selbstzweifel und ohne die Begrenzungen, die mir meine Lebensumstände auferlegten. In der Sprache der christlichen Tradition ist es das alte Wort »heil«, das dieses Ruhen in sich und in Gott beschreibt. Ganz sein bedeutet heil sein: »Vertrauen können, hoffen können, glauben können – all diese Erfahrungen sind mit einem intensiven Glücksgefühl verbunden, und eben um dieses Glück des Ganzseins geht es in der Religion«, schreibt Dorothee Sölle (2001, S. 193). Es ist der Wunsch nach Geborgenheit in Gott – was auch immer wir unter diesem Wort verstehen.

Ich verwende das Wort »Gott« ungern, weil es darüber so viele verschiedene Vorstellungen gibt wie Menschen, die sich damit beschäftigen. Wie, wer, was er ist, erscheint mir unwesentlich. Wichtig kommt mir allein vor, den Spuren der größeren Dimension, dem »Gottesfünklein«, wie es der mittelalterliche Mystiker Meister Eckhart nannte, in mir und der mich umgebenden Schöpfung Raum zu geben. Ganz sein bedeutet für mich, aufmerksam darauf zu achten, wo wir Teil eines göttlichen Seins sind, das unser Leben hier überdauert und das uns mit allem Sein auf der Welt verbindet. Wenn wir es erkennen können, dann sind wir ganz und gar in einer allumfassenden Dimension geborgen, die keine Wertungen kennt und Leid, Defizite, Ungerechtes, Ungelebtes, Kummer und Schmerz ebenso umfasst wie alles Schöne.

Diese göttliche Dimension zu suchen, geht aber nicht mit den Mitteln unseres Verstandes (und wohl auch nicht mit den Mitteln der Theologie, die das Ewige in scharfsinnige, intellektuelle Formulierungen zu packen versucht). Unser Verstand ist zu begrenzt, um über die wertenden Kategorien von Gut und Böse, Richtig und Falsch hinauszublicken. Er muss sortieren, einteilen, Bilanz ziehen, Soll und Haben berechnen und wird uns immer bereitwillig Auskunft darüber geben, wo wir unvollständig sind, Lücken und Defizite haben.

Das Denken abzustellen ist jedoch nicht leicht. Zu sehr sind wir daran gewöhnt, unablässig unser Gehirn zu beschäftigen. Doch solange die Gedanken schwirren, kommt man nicht zur Ruhe. Manchmal passiert es dann unwillkürlich, dass wir für einen Augenblick aufhören zu denken, dass wir wie selbstvergessen durch den Wald laufen und einfach da sind, gelassen, friedlich, befreit und einen Moment erleben, in dem alles – so wie es ist – in Ordnung ist. Dass wir in diesem Moment den Kopf frei gekriegt haben, fällt uns erst im Nachhinein auf, wenn wir wieder angefangen haben zu denken.

Ganz zu sein, das lässt sich nicht denken, das lässt sich nur spüren. Es ist ein Weg des Herzens, das sich vertrauensvoll einer größeren Dimension hingibt, in der es getragen und aufgehoben ist. Viele der großen Dichter wussten um die Poesie des Augenblicks und haben wie Rainer Maria Rilke berührende Worte von tiefer Wahrheit dafür gefunden.

Und wenn dir einmal das Schweigen sprach,
lass deine Sinne besiegen.
Jedem Hauche gib dich, gib nach,
er wird dich lieben und wiegen.

Und dann meine Seele sei weit, sei weit,
dass dir das Leben gelinge.
Breite dich wie ein Federkleid
über die sinnenden Dinge.

Rilke

Vor der Ewigkeit gibt es keine Lücken, vor Gott ist jedes Leben ganz. Denn jedes Leben leistet, so, wie es ist, seinen Beitrag zu jener allumfassenden Einheit, die die Christen Gott nennen und in der wir leben. Man muss kein Mystiker sein, um das zu begreifen. Schon die Mittel der Mathematik reichen aus, um auszurechnen, dass unser aller Leben in seiner Gesamtheit eine Summe ergibt: die Summe dessen, was ist. Jedes Sein hat daran seinen Anteil, jedes trägt dazu bei und jedes würde fehlen. Der Benediktinermönch und spirituelle Lehrer Willigis Jäger hat es so umschrieben: »Wir sind eine Note in der Symphonie Gottes. Und unsere Aufgabe ist es, die Musik Gottes zum Klingen zu bringen.« Dazu müssen wir nur das sein, was wir ohnehin sind.

Mehr nicht.

IMPULS
Das Leben in Fülle

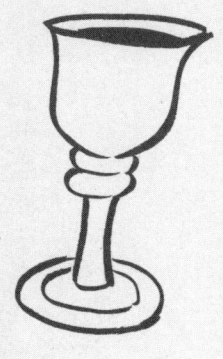

Wir sind umgeben und angefüllt von einem unermesslichen Reichtum – wenn wir ihn nur sehen und wahrnehmen! Es ist schön, sich regelmäßig einen Moment Zeit zu nehmen, um der Fülle in uns und um uns nachzuspüren.
Ich sorge dafür, dass ich ungestört bin. Ich lege Musik auf, die ich mag und die mich berührt. Ich stehe und überkreuze die Arme vor der Brust. Ich schließe die Augen und lausche auf die Fülle, die in mir ist:

Ich bin,
mit allen meinen Freuden und Traurigkeiten,
meinen Talenten und meinen Schwächen,
meinen Kämpfen und meinem inneren Frieden.
Alles darf da sein.
Alles ist da.

Auch der Mangel macht mein Leben reicher,
weil er ihm Tiefe gibt.
Auch der Mangel hat Platz in mir
und wird zur Fülle.

Ich bin Teil der Fülle,
die um mich ist.
Fülle, dich sich mir schenkt,
in der ich mich verschenke.
Fülle, die zu jeder Zeit in mir ist.

Ich breite die Arme weit aus.
Wie eine Schale halte ich sie.
Eine Schale, die bereits aufnahm,
was das Leben mir brachte,
die bereit ist aufzunehmen,
was es noch bringen wird.

Es ist in mir,
und ich in ihm.
Es umgibt mich.
Alles hat Platz in mir.
Es ist.
Ich bin.

Literaturhinweise

Elisabeth Beck-Gernsheim, Die Kinderfrage: Frauen zwischen Kinderwunsch und Unabhängigkeit, München 1988

Christine Carl, Leben ohne Kinder, Hamburg 2002

Iris Enchelmeier, Abschied vom Kinderwunsch, Stuttgart 2004

BzgA (Hrsg.), Dokumentation des Symposiums »Familienplanung und Lebensläufe von Frauen – Kontinuitäten und Wandel« in Freiburg vom 27.–29.2.2000, Köln 2000

Erik H. Erikson, Identität und Lebenszyklus, Frankfurt a.M. 1966, [15]1995

Isabelle Filliozat, Elternliebe, Elternhass, München 2004

Willigis Jäger, In jedem Jetzt ist Ewigkeit, München 2003

Hans Jellouschek, Wie Partnerschaft gelingt, Freiburg i.Br. 2001

Verena Kast, Die beste Freundin, München [2]1995

Verena Kast, Sich einlassen und loslassen, Freiburg i.Br. 1994

Jack Kornfield, Frag den Buddha und geh den Weg des Herzens, München [5]2000

Jeanne Safer, Kinderlos glücklich, München 1998

Dorothee Sölle, Den Rhythmus des Lebens spüren, Freiburg i.Br. 2001

Robert Solomon, Gefühle und der Sinn des Lebens, Frankfurt a.M. 2000

Ken Wilber, Mut und Gnade, München 1996

Tewes Wischmann/Heike Stammer, Der Traum vom eigenen Kind. Psychologische Hilfen bei unerfülltem Kinderwunsch, Stuttgart [3]2006

Doris Wolf, Wenn Schuldgefühle zur Qual werden, Mannheim 1996

Hilfreiche Adressen

Bkid – Beratungsnetzwerk Kinderwunsch Deutschland
Dr. Petra Thorn (1. Vorsitzende)
Langener Straße 37
64546 Mörfelden
Tel: 06105 / 2 26 29
www.bkid.de

Zusammenschluss qualifizierter Beraterinnen und Berater in Deutschland, die Erfahrung mit ungewollter Kinderlosigkeit haben. Vermittelt Psychotherapie und Beratung bei (unerfülltem) Kinderwunsch.

Bundesverband der Frauengesundheitszentren
Angerweg 1
37176 Nörten-Hardenberg
Tel: 0551 / 48 70 25
www.frauengesundheitszentren.de

Viele Frauengesundheitszentren beraten zum Thema unerfüllter Kinderwunsch, vermitteln Kontakt zu Selbsthilfegruppen, führen häufig auch Karteien zu empfehlenswerten Psychotherapeutinnen und -therapeuten.

KID-Infoline Kinderwunsch
Tödistrasse 17
8027 Zürich
Tel: 01 / 206 11 99
infolinekinderwunsch@active.ch

Die KID-Infoline unterstützt ungewollt kinderlose Paare in der Schweiz mit Informationen und vermittelt Kontakte zu SpezialistInnen und zu Betroffenen.

Österreichische Gesellschaft für Familienplanung
Postfach 65
1183 Wien
Tel: 01 / 478 52 42
www.oegf.at

Unterhält Beratungsstellen zur Familienplanung in Österreich, einige von ihnen bieten auch Kinderwunschberatung an.

Pro Familia Bundesverband

Stresemannallee 3
60596 Frankfurt a.M.
Tel: 069 / 63 90 02
www.profamilia.de

Pro Familia ist Träger von Beratungsstellen, in denen Frauen und Paare mit unerfülltem Kinderwunsch begleitet werden. Über den Bundesverband kann man die nächstgelegene Beratungsstelle erfahren.

Sozialdienst katholischer Frauen – Zentrale e.V.

Agnes-Neuhaus-Straße5
44135 Dortmund
Tel: 0231 / 557 02 60
www.skf-zentrale.de

Auch der SKF bietet in zahlreichen Beratungsstellen in ganz Deutschland Unterstützung während einer medizinischen Kinderwunschbehandlung, in der Zeit des Abschieds, wenn es um die Suche nach Alternativen oder eine Lebensperspektive ohne Kind geht.

Wunschkind e.V.

Verein der Selbsthilfegruppen für Fragen ungewollter Kinderlosigkeit
Fehrbelliner Str. 92
10119 Berlin
Tel: 030 / 69 04 08 39
www.wunschkind.de

Der überregionale Verein organisiert und koordiniert den Erfahrungs- und Meinungsaustausch von Selbsthilfegruppen und unterstützt Betroffene bei der Neugründung von Gruppen. Veranstaltet Kongresse und Seminare zum Thema, gibt Literaturtipps.

Internet

www.bdp-verband.org
Homepage des Berufsverbandes Deutscher Psychologinnen und
Psychologen, bietet eine Suchfunktion für die Therapeutensuche
in Ihrem Umkreis.

www.engelskinder.ch
Eine Homepage für Eltern, die ihr Kind in der Schwangerschaft,
während oder kurz nach der Geburt verloren haben. Mit Forum
zu unerfülltem Kinderwunsch.

www.initiative-regenbogen.de
Für Eltern nach Totgeburt, Frühgeburt, medizinisch indiziertem
Abbruch. Vermitteln Erfahrungsaustausch mit betroffenen
Frauen und Männern, die anderen Eltern ihre Hilfe anbieten.

www.kinderwunsch.ch
Der Verein Kinderwunsch setzt sich für die Aufklärung über
ungewollte Kinderlosigkeit ein und informiert über die Be-
handlungsmethoden, Probleme und Belastungen für betroffene
Paare. Fördert den Erfahrungs- und Meinungsaustausch, zeigt
aber auch Alternativen auf bei unerfülltem Kinderwunsch.

www.kinderwunschwelt.de
Betroffenenseite, widmet sich auch Trauer und Alternativen zum
eigenen Kind.

www.sexualaufklaerung.de/kinderwunsch
Angebot der Bundeszentrale für gesundheitliche Aufklärung. In-
formation über Alternativen zum eigenen Kind, Hilfen bei der
Trauerverarbeitung.

www.wunschkinder.net
Internetportal mit zahlreichen Informationen rund um das Thema Kinderwunsch, Forum zum Thema Abschied, Vermittlung
von Selbsthilfegruppen.